見方 考え方 を育てる 中学歴史 授業モデル

土屋武志 編著

明治図書

はじめに――民主的市民を育てる歴史学習

1 学習指導要領改訂の背景

　読者の皆さんは，社会科としての歴史学習にどのような学習活動を思い浮かべますか。日本の学校では，「教師の話を聞いて，教師の板書をノートにうつす」や「教師が配付したワークシートに人名や用語を教師の指示で書き込む」などの活動が，よく見られます。日本の多くの大人たちが学校で経験したことでしょう。しかし，このような活動とは違う活動があります。平成29年版学習指導要領の基本となった「中央教育審議会（教育課程部会）」では，次のような活動が示されました（「次期学習指導要領等に向けたこれまでの審議のまとめ」平成28年8月26日，補足資料）。

- ペアで意見を交換する
- ホワイトボードを使って話し合う
- 付箋を使って話し合う
- 生徒が説明する
- ポスターなどを作成して発表する
- 立場を決めて議論する

　審議会では，このような活動をさらに充実させなければならないという意見が，多く出されました。その背景には，日本の子どもたちの現状に対する危機感がありました。その現状とは，日本の子どもたちの自己肯定感や社会参画意欲が低いことです（前記「まとめ」）。会議の資料とされた日・米・中・韓4カ国の調査によれば，「自分はダメな人間だと思うことがある」と回答した日本の高校生は72.5％にのぼりました。さらに「私の参加により，変えてほしい社会現象が少し変えられるかもしれない」という質問には，肯定的な回答は，約4割でした。この結果をどう判断するといいでしょうか。この結果は，他の国の半分以下でした。逆に「全くそう思わない」と回答した日本の中学生は，18.6％（高校生もほぼ同数）と他の国よりもはるかに多い数でした。つまり，日本では，多くの若者たちが，社会は変えられないとあきらめてしまっているのです。未来を創り出していかなければならない世代が，このようにいまを変えられないと考えていることへの危機感から，今回，学習指導要領が改訂されました。社会を学習内容とする「社会科」には，子どもに未来を創り出す勇気と自信を生み出す役割（教育効果）が期待されています。

2 基本コンセプトとしての「何ができるか」

　さて，審議会では，若者たちの自信を失わせている原因として，これまでの教科指導の目的が「何を知っているか」にとどまりがちだったことが指摘されました。つまり，これまで，子どもたちが知っていることを活用して「何ができるようになるか」という視点から実践されていなかったと指摘しています。それは，これまでの学習指導要領が「教員が何を教えるかという観点から知識や技能の内容に沿って順序立てて整理した」書き方になっていたためで，だからそれを改めなければならないというのです。これは，学習指導要領の基本コンセプトの大きな変化であり，日本の教育に強い影響を与えることになりました。これまでは，学習指導要領に準拠して，「何ができるか」という視点でなく「何を知っているか」という視点から教科書や入学試験問題が作られてきました。今回，学習指導要領がコンセプト自体を見直して改訂されたことによって，教科書や入試問題も「何ができるか」という視点から作り直されることになります。そして当然，授業自体もこの視点を重視して実践されることになるのです。子どもたちが目標に向かって「活動」に挑戦し，目標を達成して「現状を変えることができた」という自信をもつ経験を意図的に行う授業となるでしょう。本書は，このような背景から，読者の皆さんが，子どもたちにそのような活動を生み出す授業を，意図的に実践するためのヒントとなるよう，企画しました。

3 歴史を「教える」教師から子どもとともに歴史を「考える」教師へ

　さて，社会科で実践されている歴史学習は，これまで「暗記学習」といわれてきました。多くの人が，これを否定しないことが日本の「常識」にもなっているようです。この学習の特徴は，正答が一つで，それを覚えることが学習活動であるとされている点です。多くは，人名や歴史用語を反復して「暗記」する学習です。先に述べたように，試験問題やそれに類似したワークシートで，歴史上の人物の氏名や歴史用語の穴埋め問題に挑戦した経験をもつ日本人は多数にのぼります。ゆえに日本では，歴史＝暗記というイメージが定着しています。日本の歴史学習は，中央教育審議会がいう「何を知っているか」という視点で「教えられて」きた学習の典型ともいえます。その結果，歴史は教師が「教える」ものという常識（固定概念）ができあがりました。つまり，「知らないことは教師が子どもに教えてあげる」という考えです。

　しかし，この常識と異なる歴史学習があります。それは，子どもが「過去を解釈し，過去を描く」歴史学習です。教師は，授業として子どもたちに意図的にその機会を与え，その活動状況に即してサポートします。私（土屋）は，これを「解釈型歴史学習」といっています（拙著『解釈型歴史学習のすすめ　対話を重視した社会科歴史』梓出版社，2011）。欧米では，市民権を得ている学習です。私が，論文で「解釈型歴史学習」と表現したところ，それを英語に翻訳する時にネイティブの校正者から「解釈でない歴史があるのですか？」「歴史が解釈であるこ

とをあえて翻訳すると英語として不自然では？」という意見がありました。「解釈」という活動を伴う歴史学習が，むしろ「常識」であるようです。

　実は，日本でも歴史学習を「解釈」の学習と見なしてきた「歴史」があります（拙著『アジア共通歴史学習の可能性　解釈型歴史学習の史的研究』，梓出版社，2013）。しかし，なかなか定着しないまま今日に至っています。一方で，子ども同士の対話を促す場面がない授業は，「よくない授業」という評価を与えられるという「常識」があるのも日本の特徴です。「自分の意見をいいましょう」「○○さんの意見についてどうですか？」のような教師の言葉は，日本の授業でよく聞かれる言葉です。この場合，教師は，「教える」というより，子どもたちとともに「考える」立場に立っています。小学校では普通ですが，中学校でも教師がこの立場（役割）を担うことが，大切だと思います。「教える」教師から「考える」教師へ，教師の意識転換が重要です。

4 「考える歴史学習」での問いの作り方とは

　「暗記する歴史」から「考える歴史」への転換に必要不可欠なものが「問い」です。疑問と言い換えることもできます。興味・関心とも言い換えられます。「疑問」から「考える」という行動が生まれます。授業では，これを一般的に「問い」と呼びます。問いの中でも「なぜ」という問いが，疑問を追究する主体的なモチベーションを高めるうえで効果的です。これまでの歴史学習では「なぜ」という問いより「どのように」という問いが多かったようです。今後，歴史学習でも「なぜ」という問いが必要になりますが，それを生むしくみは，次のように考えるとわかりやすくなります。

　社会は，人間が作っています。誰かが（あるいは誰かたちが）何かをすることで社会が動きます（変化します）。だから，その誰かが「なぜそうしたのか？」という問いは，最もシンプルな問いです。これは，過去の社会を扱う歴史学習であっても同じです。「○○は，なぜ○○したのか？」という問いです。この疑問を論理的に解くために，「いつしたのか？」「どこでしたのか？」「誰としたのか？」「どのようにしたのか？」「その結果どうなったのか？」とさらに具体的な問いが必要になります。

　例えば，「15世紀末，新航路を開拓したヨーロッパの国々によって，世界はどのように変化したでしょうか」という問いは，「15世紀末のヨーロッパの人々は，なぜ新航路を開拓したのでしょうか」という問いに変えることができます。この問いから，「いつ，どこを，どのように開拓したか，その結果どうなったか」を調べて図にしたり，年表にしたりして関係性を見つけ，自分の解釈としてまとめ，自分の言葉で説明します。その際，教科書にある歴史用語や歴史上の人物名を適切に用いると，それらを活用する「考える歴史学習」になります。

5 歴史学習での「見方・考え方」と深い学びと本書の使い方

　私は，前節で述べた「考える歴史学習」を「歴史家体験」と呼んでいます。私たちは，過去を体験することはできないけれども，過去を描く，歴史家体験はできると考えるからです。しかし，この考えは，しばしば誤解を受けます。それは，「学校教育は，子どもたちを歴史家にするための教育ではない」という考えがあるからです。確かに社会科は，職業人としての「歴史家」を育てるための教育ではありません。しかし，平和で民主的な社会をいっそう充実させるためには，過去を踏まえて未来を提案する若者たちが必要です。そのためにも，自分自身で過去を説明する経験を社会科歴史学習でさせたいものです。また，過去を描く職業は，歴史家だけではありません。小説家や映画監督・脚本家もそうですし，新聞記者などのジャーナリスト，そしてしばしば歴史的問題に直面する政治家も過去を踏まえて説明します。民主的な現代社会では，祭りなどの伝統や文化財の保存に関わる地域の人々など，職業歴史家でない多くの人々が自分自身で歴史を描く（説明する）機会をもちます。いろいろな人たちによって描かれた歴史（歴史情報）を受け取る市民一人ひとりも，それを基に自身で解釈することができる点で彼らも歴史家だといえます。このように，歴史を解釈できる能力は，民主的能力の一つといえます。その能力を育成するために，授業での「歴史家体験活動」が必要だと私は考えています。この考えは，歴史学習を「歴史家が創った歴史を覚える」ことだと考える学習論の対極にある学習論ですが，中教審を受けた平成29年版学習指導要領に沿う学習論です。

　中学校社会科歴史的分野は，平成29年版学習指導要領解説社会編に述べられているように単元など内容や時間のまとまりを見通した「問い」を設定し，「社会的な見方・考え方」を働かせることで，社会的事象等の意味や意義，特色や相互の関連を考察したり，社会に見られる課題を把握して，その解決に向けて構想したりする学習を一層充実させることが求められています。しかし，先に述べたように，このような学習活動が，日本で全く行われてこなかったわけでありません。特に，子ども同士の対話的な学習は，これまでも重視されてきました。本書は，これまで実際に挑戦されてきた実践を基に，それらを平成29年版学習指導要領に即して，より一層「主体的・対話的で深い学び」とするための足場となるように，ポイントをまとめました。実践の柱とするため，必要最小限の理論編もつけました。読者は，実践編から読みはじめてもよいし，実践編の興味があるところだけ読んでもよいです。本書を基に，あなた自身の，つまり子どもたち自身の新しい社会科歴史学習を創造いただければ幸いです。

土屋　武志

contents

はじめに　002

第1章　中学歴史「見方・考え方」を育てる授業デザイン

① 中学校歴史的分野でメディアリテラシーを育てる ……………………………… 010
　――なぜ歴史学習がメディア社会のいまこそ重要なのか

② 「見方・考え方」を育てる見学・調査活動をどう実現するか ………………… 016
　――博物館・郷土資料館との連携による授業へのヒント

③ 教師はいかにして対話的な歴史学習を成立させるのか ………………………… 022
　――対話を重視する教師の授業実践から読み取る3つのポイント

④ 「見方・考え方」をどう捉えるか――評価の手法 ……………………………… 028

第2章　「見方・考え方」を育てる中学歴史授業モデル

① 第2章　イントロダクション ……………………………………………………… 038
　――第2章の「見方・考え方」

② A　歴史との対話 …………………………………………………………………… 040
　⑴ 単元名：私たちと歴史 ………………………………………………………… 040
　　私たちは，なぜ歴史を勉強するのだろうか
　　　――子ども自身が「学ぶ意味」を見出す歴史授業開きとは
　⑵ 単元名：身近なものにも歴史がある⁉ ……………………………………… 050
　　家康と家臣は，なぜ対立したのだろうか

コラム1　歴史テストの作り方 ………………………………………………………… 061

③ B　近世までの日本とアジア ……………………………………………………… 064
 1　古代までの日本
  (1)　単元名：日本列島の誕生と大陸との交流 ……………………………………… 064
   なぜ日本列島に「国」ができたのだろうか
 2　中世の日本
  (2)　単元名：武士の台頭と鎌倉・室町幕府と東アジアとの関わり ……………… 074
   武士はどのようにして権力を高めたのだろう
 3　近世の日本
  (3)　単元名：江戸幕府の成立と鎖国 ………………………………………………… 084
   なぜ江戸幕府は260年余りも続く平和な世の中を作ることができたのだろうか
  (4)　単元名：幕府政治の行きづまりと明治維新 …………………………………… 094
   時代の変化を捉え，つながりを感じる歴史学習

コラム2　歴史の覚え方 ……………………………………………………………… 104

④ C　近現代の日本と世界 …………………………………………………………… 106
 1　近代の日本と世界
  (1)　単元名：日清・日露戦争と近代産業 …………………………………………… 106
   日本は欧米列強とならぶ「一等国」になれるのだろうか
  (2)　単元名：第二次世界大戦と日本 ………………………………………………… 116
   なぜ戦争を止めることができなかったのだろうか
 2　現代の日本と世界
  (3)　単元名：戦後日本の発展と国際社会 …………………………………………… 126
   東京オリンピックを開くことができたのはなぜか

コラム3　社会科歴史教育の大切さ ………………………………………………… 136

おわりに　138

中学歴史
「見方・考え方」を育てる授業デザイン

中学校歴史的分野でメディアリテラシーを育てる
——なぜ歴史学習がメディア社会のいまこそ重要なのか

1 歴史学習の基礎的・基本的技能としてのメディアリテラシー育成

　SNSの普及により誰もが情報発信者になれる現在，社会に広がっている歴史の情報は，数多く受け取ることができます。中には，根拠が不十分で情報の真偽が不明な歴史の仮説，煽るような根拠のないセンセーショナルな内容や表現をした極端な歴史解釈など，「フェイクニュース」ならぬ「フェイクヒストリー」も残念ながら混ざっています。

　しかし子どもには，現在もしくは今後，こうした歴史情報と接する機会が必ず出てくることでしょう。そんな時，社会事象の歴史的な見方・考え方である，「社会的事象を，時期，推移などに着目して捉え，類似や差異などを明確にし，事象同士を因果関係などで関連付けること」を身につけておけば，「公正な選択・判断」をすることにつながり，歴史を様々な見方・考え方に基づいて見つめることができるといえます。

　歴史に関する情報が多様化する中，平成29年版学習指導要領では，中学校社会科の歴史的分野の学習を通じて育成される資質・能力の「知識及び技能」に関わる目標として，「諸資料から歴史に関する様々な情報を効果的に調べまとめる技能を身に付けるようにする」ことが示されています。文献や絵図，地図，統計，体験によって得られる幅広い資料などの中から，必要なものを選択し，有効活用することで，様々な角度から歴史を捉えることが可能になると考えられています。この技能は，小学校の学習を踏まえたうえで，高等学校も視野に入れて育成することが学習指導要領解説社会編にも明記されており，その重要性が高いことがわかります。詳しい技能の内容については，文部科学省教育課程部会「社会・地理歴史・公民ワーキンググループにおける審議のとりまとめについて（平成28年8月26日）」資料7で示されており，情報を収集する，読み取る，まとめる技能として分類化され，その手法についても示されています。

　まず，「情報を収集する技能」は，「手段を考えて課題解決に必要な社会的事象等に関する情報を収集する技能」を意味します。そのため，教科書や資料集に掲載されている，基本的な諸資料から情報を集める際には，右の資料1のように，何に着目して諸資料から情報を集めるかを，明確にしてか

資料1　諸資料の種類と情報を集めるための見方・考え方

諸資料の種類	情報を集めるための見方・考え方
地図，地球儀	位置関係，形状，分布，面積，記載内容
年表	出来事やその時期，推移
統計（表やグラフ）	傾向，変化

ら情報を集めるようにする必要があります。

　また，その他にも，野外調査や社会調査活動を行って情報を集める調査活動，新聞や図書や文書，音声，画像，現物資料などの諸資料，体験活動，博物館，郷土資料館，図書館，コンピュータなど目的に応じた様々な情報があります。これらの情報は，出典，年代，作成者，情報発信者の意図や情報過程などに留意して，公正な選択・判断を心がけて情報を集めるように指導します。

　次に，「情報を読み取る技能」とは，「収集した情報を社会的な見方・考え方に沿って読み取る技能」です。情報の読み方は，①情報全体の傾向性を踏まえる，②必要な情報を選ぶ，③複数の情報を見比べたり結び付けたりする，④資料の特性に留意する，という4つに分けられ，それぞれで情報を読み取るための見方・考え方は次のようになっています。授業で使用する資料をどのように読み取らせたいのかを意識することが大切です。

資料2　情報の読み方と情報を読み取るための見方・考え方

情報の読み方	情報を読み取るための見方・考え方
情報全体の傾向性を踏まえる	・位置や分布，広がり，傾向，量やその変化，区分や移動 ・博物館や郷土資料館等の展示テーマの趣旨
必要な情報を選ぶ	・形状，色，数，種類，大きさ，名称 ・地図の方位，記号，高さ，区分 ・年表の年号や時期，前後関係 ・課題解決とのつながり，目的に応じた情報の選別 ・信頼できる情報かどうか
複数の情報を見比べたり結び付けたりする	・異なる情報 ・同一事象に関する異種の資料（グラフと文章など） ・同種資料の異なる表現（複数の地図，グラフ，新聞など）
資料の特性に留意する	・歴史資料の作成目的，作成時期，作成者を踏まえる ・統計等の単位や比率を踏まえる

　そして，「情報をまとめる技能」は，「読み取った情報を課題解決に向けてまとめる技能」を意味します。項目やカテゴリー，順序や因果関係，相互関係など，分類・整理したり，情報の受け手のわかりやすさに留意して，学習の成果をまとめることが大切です。

　このように，歴史学習で様々な情報を収集し，読み取り，まとめる技能は，歴史学習としての基礎的・基本的技能といえます。そして，この技能は，歴史に限らず「様々な情報」に置き換えると，メディアリテラシーの技能とも言い換えることができます。歴史学習の技能は，情報があふれる現代こそ，その価値が高いと考えることができるのです。

2 学習内容に「メディア」の視点を入れて生まれる「見方・考え方」

　歴史学習はメディアリテラシーの技能を育てる学習だけではありません。「メディア」の視点を取り入れることで，現在とのつながりを意識させ，歴史の学びを深める「見方・考え方」につながります。

　中学校社会科歴史的分野の「思考力，判断力，表現力等」に関わる目標の中には，「時期や年代，推移，比較，相互の関連や現在とのつながりなどに着目して多面的・多角的に考察」するなどの視点の例が示されています。

　この場合歴史と現在との比較に「メディア」の視点を入れることで，現在とのつながりを意識させやすくすることができます。

　例えば，稲作の伝来一つとっても，いまなら稲の育て方からご飯が炊けるまでの一連の情報を探す手段は様々ありますが，現在のように写真や動画もなく，マスメディアやインターネットなどがない時代，どうやってその作り方が伝えられたのか，作り方のコツはどのように伝わったのか，食べ方はどうやって知ったのか，その情報はどう広がったのか，次の世代へはどのように伝えていったのかなど，情報という視点を入れることで，「稲作の伝来」という歴史を多様な「見方・考え方」につなげることができ，文明や文化の広がりなどへもつなげることができます。これは，「情報伝達手段としてのメディア」の視点を重視した「見方・考え方」といえます。

　また，第二次世界大戦中の国民の生活の様子の学習の中で，マスメディアの報道の事例を取り上げることで，メディアの役割と責任，公正に選択・判断する市民の力の必要性について考えるきっかけになります。「歴史を振り返り，よりよい未来の創造のために，どのようなことが必要とされるのか」という，現在とのつながりに直結した内容に迫る学習となります。

　また，調べた学習の成果を，グループでテレビ番組のように発表する活動を行い，その後，発表内容の違いを振り返ることで，同じ学習テーマでも発表の仕方や内容が異なることに気付かせ，伝達の違いを実感させることにもつなげることができます。これは，メディアの利用方法とその影響の視点を重視することで生まれる「見方・考え方」といえます。それと同時に，子ども自身の発表と発表の振り返りを行うことで，発表を多面的・多角的に考察し，公正に選択・判断する力，思考判断したことを説明・議論する力の育成にもつながり，平成29年版学習指導要領の「思考力，判断力，表現力等」の目標に迫ることも可能になります。

　このように「メディア」の視点を取り入れることで生まれる「見方・考え方」は次の例のように様々あり，歴史と現在との相違点，未来の歴史を創造する際のきっかけとして考えることにつながる可能性があるといえます。

資料3 「メディア」の視点を取り入れた学習内容例

項目	メディアの視点を取り入れた学習内容	見方・考え方の例
身近な地域の歴史	「歴史情報の伝達」の視点から、現在も受け継がれている歴史、文化、そしてそれらを伝え続ける史資料や歴史情報を読み取り、まとめる学習を通して、時期や年代、現在とのつながりに関する見方・考え方が用いやすくなる	・時期や年代 「いつから伝えられているのか」 「どのような時代だったのか」 ・現在とのつながり 「なぜ大切に残されているのか」 「これからどうしたらよいのか」
日本列島における国家形成	「歴史の中の情報伝達」の視点から、日本列島における農耕の広まりや東アジアの文明の影響を受けながら、国家が形成されていったことを学習することで、相互関連、推移に関する見方・考え方が用いやすくなる	・相互関連 「どのように日本に伝わったか」 ・推移 「どのような影響を及ぼしたか」 「前の時代とどう変わったか」
江戸幕府の成立と対外関係	「マスメディアの普及」の視点から、交通の発達と教育の普及により、文字による情報伝達が社会的に成立するようになったこと、それに伴い、情報ネットワークが拡大し、文化の発達、海外情報や黒船の襲来などの情報が瓦版や本によって、多くの人に伝わるようになったことなどを学習し、相互関連、推移、比較、現在とのつながりの見方・考え方が用いやすくなる	・相互関連 「なぜ、どのように情報ネットワークが江戸時代に広がったのか」 ・推移 「どのような影響を及ぼしたか」 「前の時代とどう変わったか」 ・現在とのつながり 「現在の情報や文化の伝達との類似点と相違点はどこか」
第二次世界大戦と人類への惨禍	「歴史におけるメディアの影響」の視点から、戦時下の社会や国民生活だけでなく、メディアの報道の事例を取り上げることで、メディアの役割と責任、公正に選択・判断する市民の力の必要性について学習し、比較、推移、相互の関連、現在とのつながりの見方・考え方が用いやすくなる	・比較 「第二次世界大戦の前、中、後で、メディアの報道と社会の様子の変化はどう違うか」 ・推移 「どのような影響を及ぼしたか」 ・現在とのつながり 「よりよい未来の創造のため、どんなことが必要か」

3 メディア社会における「見方・考え方」を育てる授業づくりのポイント

　ここまでで紹介した，歴史学習の基礎的・基本的技能としてのメディアリテラシーと，学習内容に「メディア」の視点を入れて生まれる「見方・考え方」……授業づくりでは，この技能と学習内容を関連させて授業を行っていくことがポイントです。

　下の図は，江戸幕府の成立と対外関係の単元で，「マスメディアの普及」の視点から，単元「交通の発達と教育の普及による町人文化の形成」を例にし，メディア社会における歴史授業づくりを行うモデルを図式化したものです。

資料４　メディア社会における歴史授業づくりのモデル例

【産業や交通の発達】
・農林水産業，手工業や商業の発達
・河川・海上交通や街道の発達

【教育の普及と文化の広がり】
・寺子屋・藩校による学問・芸術・芸能などが地域に広まる
・庶民の識字率の向上

↓

【メディアの視点を入れた内容】
・交通の発達により，人・ものの移動範囲が広がり，加速化する
　見方・考え方　相互関連：情報ネットワークの広がり
・教育の普及により，文字による情報伝達が成立
　見方・考え方　推移：どのような影響を及ぼしたか
・人々の芸術や芸能，世の中の出来事への興味関心が高まり，瓦版をはじめとする江戸時代のマスメディアの誕生と需要が高まる
　見方・考え方　現在とのつながり：現在の情報や文化の伝達との類似点と相違点はどこか
・幕末には，黒船などの海外情報も広まるようになる
　見方・考え方　推移：前の時代とどのように変わったか

↓

【学習事項のねらい】
町人文化が都市を中心に形成されたことや，各地方の生活文化が生まれたことを理解する

（右側縦書き）情報の収集　↕　情報の読み取り　↕　情報のまとめ　↓

平成29年版学習指導要領は，学習内容と学習の過程の構造化図を意識したつくりになっています。「〈A〉を基に〈B〉を理解する」という目標を明示し，内容の取扱いで「〈C〉に着目して〈D〉を考察し表現する」というように示されています。

　今回の例の場合，学習指導要領には，目標として「産業や交通の発達，教育の普及と文化の広がりなどを基に，町人文化が都市を中心に形成されたことや，各地方の生活文化が生まれたことを理解すること」と記されています。ここにメディアの視点を入れた学習内容を取り込みます。また，その内容を扱う際に，理解に向けて，技能としての情報を収集，読み取り，まとめる技能の育成を結びつけます。その際，情報の収集，読み取り，まとめは，最終的には理解へ向かっていきますが，その過程は一方通行ではありません。読み取りで疑問や新たな課題が出れば，収集に戻ることもあります。また，まとめの際に，疑問や不確かなことがあれば，再び読み取り，または収集へと遡って検証することもあるでしょう。

　したがって，授業づくりのポイントとしては，①平成29年版学習指導要領の構造図化を意識した中で，メディアの視点を取り入れる内容を設定する，②理解に向けて，技能としての情報を収集，読み取り，まとめる技能を結びつけることが考えられます。

4 歴史から学び，平和で民主的な国家及び社会の形成者へ

「なぜ歴史学習がメディア社会のいまこそ重要なのでしょう」

　平成29年版学習指導要領を踏まえて，2つの面から考えてきました。一方は，歴史学習としての基礎的・基本的技能面から，メディアリテラシーの技能と類似していることを確認すること。もう一方は，「メディア」の視点から，現在とのつながりを意識させ，歴史の学習内容を深める「見方・考え方」につなげることでした。

　社会科の目指す目標は，「広い視野に立ち，グローバル化する国際社会に主体的に生きる平和で民主的な国家及び社会の形成者に必要な公民としての資質・能力の基礎」の育成です。

　歴史を自由に学ぶことができる，様々な情報から考えて自由に情報発信できるということは，平和で民主的な社会だから可能なことです。しかし，そうでなくなった場合に，歴史や情報が歪曲・統制され，「公正な選択・判断」をする機会が奪われることを，歴史は示しています。つまり，歴史と情報は，平和で民主的な国家及び社会の状況を示す指標となるといっても過言ではありません。

　情報が非常に重要になっている現代社会だからこそ，メディアリテラシーを育てる歴史学習が重要であり，歴史学習を通して，平和で民主的な国家及び社会の形成者を育むことが重要です。

（松本　卓也）

「見方・考え方」を育てる見学・調査活動をどう実現するか
——博物館・郷土資料館との連携による授業へのヒント

1 「見方・考え方」を育てる見学・調査活動

　平成29年版学習指導要領では，〔歴史的分野〕の「内容の取扱い」において次の点が記されています。

> 　日本人の生活や生活に根ざした文化については，政治の動き，社会の動き，各地域の地理的条件，身近な地域の歴史とも関連づけて指導したり，民俗学や考古学などの成果の活用や博物館，郷土資料館などの施設を見学・調査したりするなど具体的に学ぶことを通して理解させるように工夫すること

　こうした歴史授業開発の視点は，決して新しいものではありません。子どもの歴史に対する「見方・考え方」を育てるためには，上記のような民俗学や考古学の成果の活用や博物館，郷土資料館などの施設を見学・調査することが，以前から変わらずに述べられています。

　しかし，現実的に中学校現場の教員は極めて多忙であり，最近の学問的成果を取り入れたり，身近な博物館，郷土資料館などの施設を見学・調査したりする機会は限られています。そのような時に，無理なく博物館・郷土資料館などの施設と連携に取り組める実践事例の紹介を通して，子どもの歴史に対する「見方・考え方」を育てる授業の実現に向け，ヒントとなる視点を示したいと思います。

2 ハンズオンによる文化財学習～考古学者体験～

　まずは，短時間で，子どもの歴史に対する「見方・考え方」を育むことができる歴史授業として，ハンズオン[1]による文化財学習をおすすめします。

　筆者が以前勤務していた愛知県埋蔵文化財調査センターでは，愛知県内の遺跡から出土した埋蔵文化財の普及・啓発をめざした出前授業の取り組みを行っています[2]。子どもが本物の文化財に触れることができるその出前授業の取り組みを活用してはどうでしょうか。

　平成30年7月11日㈬に，知多郡南知多町立篠島中学校の榊原清人教諭，宮下裕紀教諭，石田貴之教諭と愛知県埋蔵文化財調査センターの伊奈和彦氏が連携して実施した出前授業は，その好例だと思います。出前授業における子どもの歴史学習の様子と，社会科学習指導案は，資料

資料1　土器の分類ゲーム　　　　　資料2　篠島式製塩土器(南知多町教育委員会所蔵)

1・2，3の通りです。

　授業でははじめに，子どもたちに遺跡の発掘調査について知らせ，次に，愛知県内の遺跡から出土した「土器・ど・キット」[3)]を活用して，本物の土器に触れながら，グループに分かれて時代を当てるゲームを行いました。そして，スライドを使って江戸時代の流通経路について知らせ，自分たちが住む篠島の遺跡や遺物について考えた後に，近くの遺跡から出土した製塩土器にも触れさせ，その用途について話し合う活動を行っています。このようなハンズオンの文化財学習を通して，子どもたちは，身近な地域の歴史に対して関心を高めていきます。そうした歴史授業の成果は，次のような子どもの感想にも現れています。

　「博物館とかでしか見られないような土器などをガラス越しじゃなくて，目の前で見ることができたたことが印象に残りました。実物があって，すごくわかりやすかったです」

　「今日はたくさんのことを知ることができました。特にクイズの時，みんなと協力してどの時代の土器なのかを調べました。とても楽しかったです。土器を触ったり，見たりする機会はあまりないので，よかったです」

　「篠島でも遺跡があったのは知らなかったので，篠島式製塩土器の特徴をもっと知ってみたいと思いました」

　子どもたちは，土器が使われていた時代について推理したり，想像力を働かせて時代を考察したりしています。まるで，「考古学者」になったかのようです。子どもたちは，ハンズオンの文化財学習を通して，身近な地域の歴史について推理や思考をしており，こうした身近な地域の歴史に対する「見方・考え方」の深まりは，新学習指導要領において求められている「主体的・対話的で深い学び」にも結びついていくのでしょう。

資料3　出前授業　社会科学習指導案

愛知県埋蔵文化財調査センター出前授業　社会科学習指導案

日　時　7月11日（水）第6限　社会科
対　象　3年生
目　標
- 遺跡の発掘調査や埋蔵文化財について知ることにより，歴史的視野を広げる
- 出土遺物に触れることにより，それぞれの時代を考察する
- 郷土（愛知県尾張地方，知多半島。篠島）の特産物やその流通について知り，全国的視野に立って考察する
- 郷土（知多半島や篠島）の遺跡について知り，歴史を身近に体感する
- グループで話し合い，協働して考察することを身につける

授業計画

時間	子どもの学習活動	指導者の支援
5分	**遺跡の発掘調査について知る** ○ 発掘調査の実際を知る （清州城下町遺跡の発掘調査を例に遺跡発掘の実際を知る）	・講師の自己紹介 ・写真を見せて解説 ＊次の考察のためのヒントも含めて説明する ※パワーポイント使用 ・清洲城下町遺跡の簡単な説明
10分	**戦国時代と江戸時代の遺物に触れて時代を考察** ○ 3グループに分かれ土器の時代分けゲームを行う 　室町時代（戦国時代）　天目茶碗，卸皿（鷲窯跡／瀬戸市） 　江戸時代　　　　　　陶器，磁器（名古屋城三の丸遺跡／名古屋市） ○ 陶器と磁器を軽く叩いてもらい，違いを理解する	・4つの遺物を時代毎に分ける。ヒントを与える ・話し合いや相談がされているか，机間巡視しながら声をかける ・完形品を見せて簡単に答え合わせをする ・磁器と陶器の違いを説明する→朝鮮出兵と朝鮮の陶工についてもふれ，磁器は日本にとって新しい焼き物であり，その後重要な輸出品になることを理解させる ・篠島でも神戸神明社遺跡（神明社貝塚）や鯨浜遺跡でこれらの遺物が出土していることに触れる ・製塩土器にも触れ，知多地域で製塩が盛んだったこと，都にも税として納められていたこと，篠島でも製塩が行われていたことを説明
15分	**江戸時代の陶器を見て，特産物などの物流を考察する** ○ 陶器（酒徳利）を見て尾張や知多の特産物について考える ○ 大消費地（江戸と大阪）への商品の流通経路を考える	・酒，酢，陶磁器（常滑焼，瀬戸焼）などを答えさせる（半田の酢が江戸の寿司に大きく貢献） ・スライドを見せて海運について解説（東廻り航路，西回り航路，菱垣廻船，樽廻船） ・知多半島を拠点とした尾州廻船（内海船など）が台頭したこと，篠島にも廻船があったことにふれる ・朝日遺跡出土の弥生土器完形品を用意 ・これまでの授業で習った土器の特徴を思い出させる
15分	**篠島の遺跡や遺物について知る** ○ 製塩土器の脚部（松崎遺跡〔東海市〕出土）に触れ，用途を考える ○ 縄文土器（吉野遺跡〔瀬戸〕出土），弥生土器（朝日遺跡〔清須市／名古屋市〕出土），須恵器（松崎遺跡〔東海市〕出土）に触れ，既習事項を確認する	・班で話し合わせる（篠島のフェリー乗り場に展示してあることなど，ヒントを出す） ・完形品を見せる ・知多地域で製塩が盛んだったこと，都にも税として納められていたこと，篠島でも製塩が行われていたことを説明 ・スライドを見せて，古墳時代や古代に塩がどのように作られたかを理解させる ※パワーポイント使用 ・班で話し合わせ，縄文土器，弥生土器，須恵器の土器並べをさせる　土器の名称を答えさせる ・篠島でも神戸神明社遺跡（神明社貝塚）や鯨浜遺跡でこれらの遺物が出土していることにふれる
5分	**まとめ** ○ 質疑応答 ○ 振り返りシートの記入	・質問に答えながら歴史を学ぶことの意義にもふれる ・振り返りシートを記入させる ＊時間が無ければ後日行う

（本授業案は愛知県埋蔵文化財調査センターの伊奈和彦氏による）

3 総合的な学習の時間との関連性を深めた歴史学習～新聞記者体験～

　また，単元全体を通じて，子どもの「見方・考え方」を育んでいくことも重要です。そのために，単元の中で探究的な学習活動を取り入れ，調べ学習や体験活動，発表などの表現活動を行っていくことが重要です。

　そのような大単元での学習活動がカリキュラム運営上において可能となるのは，中学校では，総合的な学習の時間が該当すると思います。そこで，総合的な学習の時間と関連性を深めた歴史学習として，歴史系博物館の見学・調査活動や学習成果を発信する表現活動を取り入れた単元構成を行うことができるのではないでしょうか[4]。

　毎年夏，金城学院中学校の子どもたちは，名古屋市名東区にあるピースあいちと連携して，「15歳の語り継ぐ戦争」展を開催しています。ピースあいちは，市民の手によって運営されている戦争と平和の資料館です[5]。金城学院中学校の中田路実教諭は，広島の修学旅行に向けた事前事後学習と，総合的な学習の時間とを関連させて，「平和新聞作り」といったテーマ学習に取り組んでいます。子どもが作成した「平和新聞」と総合的な学習の時間のシラバスは，資料4，5，6の通りです。

資料4　「15歳の語り継ぐ戦争」展

資料5　子どもが作成した「平和新聞」

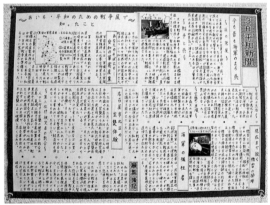

資料6　総合的な学習の時間との関連性を深めた歴史学習のシラバス

対象学年	中学3年	教科書 (出版社)	『新編 新しい社会科地図』（2015，東京書籍），『ヒロシマの声を聞こう』（2012，「原爆碑・遺跡案内」刊行委員会），取材した独自教材，その他
学習の	[学習目的] ①平和を創り出すのも壊すのも，そこには人が関わっていることを学ぶ ②平和を実現する人となるために，できることは何かを考える [学習基本項目] ①修学旅行を通して平和を考える			

ねらい	②平和新聞をつくる ③夏休みなどを利用して，フィールドに出て調査・取材する ④平和を実現している人について調べ，その人の生き方を学び，卒業レポートにまとめる ⑤恵愛祭（文化祭）・学習発表会で発表する		
学習内容と流れ	学期月等	4～5月　戦争から学ぶ	
	1学期	修学旅行 平和新聞づくり 「わたしの聞いた戦争，見た広島」	・戦争の現実を知り，悲しむ人々がいることを知る ・身近な人，地域の戦争体験を取材して，戦争を自分のものとして捉える
		7～9月　平和を考える	
	2学期	恵愛祭（学校祭）	・平和について，テーマを決めて訴える ・修学旅行や夏休みの取材を活かす
		11～3月　平和を創る人になりたい	
	3学期	生き方を学ぶ 卒業レポート「平和にいきる人々～生きる・活きる～」	・いろいろな生き方を知る ・自分はどんな生き方をしたいのか，高校進学を前にみつめさせる
学習の留意点・評価など	[学習の留意点] 　興味をもって自ら意欲的に取り組むことができるように，教材には万全の配慮を行う。単に机上の学習で終わることがないよう，フィールドワークを紹介し，取材をさせる。評価は学年末に文章で行う [評価の観点] ①学習内容への意欲・関心・態度……学習した内容に関心をもち，授業に意欲的に取り組むことができたか ②学習内容に対しての考察力・分析力……深く考え，自ら問題を見つけ，適正な分析をすることができたか ③レポート・発表・表現力……調査・取材に裏打ちされた内容を展開して，自ら考えることができたか。期日を守って丁寧に作成することができたか。十分な準備をして，内容をしっかり理解して発表することができたか。発表表現に工夫することができたか		

　こうした「平和新聞作り」と関連して，子どもたちは，問題意識をもって身近な地域の歴史の調べ学習を行い，文献資料にあたるなどして歴史学習を進めています。平成30年度には，子どもたちは，曾祖父母への戦争体験の聞き取り調査を行い，戦争や平和の問題について身近な問題として具体的に考える機会をもちました。そのような歴史学習の成果は，子どもたちによる「平和新聞」の編集後記にも現れています。

　「私たちは，戦争体験者から直接話を聞くことができる最後の世代といわれている。いま，世界で，もしかすると日本でも再び戦争が繰り返されようとしている。戦争は絶対にいけない，とこの平和学習を通して考えた私たちが，後世に伝えていかなければならないと確信した」

　「資料館には，欧米やアジアの人がたくさんいた。欧米やアジアの人たちに，どう感じたかを聞いてみたかった。いまの私には，それを聞き，発信する語学力や教養がまだ足りない。日

本をはじめとする様々な国の歴史や文化を深く学ぶ必要があると強く感じた」

　このように子どもたちは，「平和新聞」を通じて，信頼度の高い根拠に基づいた発信をするために，文献の根拠に基づいて考察したり，現地に赴いて聞き取り調査をしたりして，歴史的事実が本当に正しいかどうかを確認しています。すなわち，「平和新聞作り」の活動は，子どもたちを「新聞記者」のような立場に立たせているのでしょう[6]。そうした他者を意識した歴史学習が，まさしく平成29年版学習指導要領において求められている「主体的・対話的で深い学び」の実現につながっていくと思います。

4 平成29年版学習指導要領において博物館・郷土資料館との連携をどう進めるか

　平成29年版学習指導要領においても，博物館・郷土資料館との連携が求められています。デジタル時代のいまだからこそインターネットの情報を鵜呑みにするのではなく，本物に触れる体験や，見学・調査活動を行う経験を大事にしていきたいものです。中学校の社会科教師は，子どもの実態に即して，身近な地域における歴史教材開発を行う必要があります。その際，無理のない範囲で，博物館・郷土資料館などの施設との連携に取り組んでいければと思います。博物館・郷土資料館との連携を通じて，教師も一緒になって楽しみながら，子どもたちの身近な歴史に対する「見方・考え方」を育んでいきましょう。

（白井　克尚）

【註】
1) 最近の歴史系博物館においても，ハンズ・オンを意識した展示方法も広がってきている。広瀬浩二郎編著，国立民族学博物館監修（2007）『だれもが楽しめるユニバーサル・ミュージアム "つくる" と "ひらく" の現場から』読書工房／広瀬浩二郎編著（2012）『さわって楽しむ博物館　ユニバーサル・ミュージアムの可能性』青弓社等を参照
2) 愛知県埋蔵文化財調査センターのWebサイト　https://www.pref.aichi.jp/soshiki/maizobunkazai/0000032060.html
3) 「土器・ど・キット」については，以下の報告を参照。白井克尚（2013）「社会科教員の専門性形成に『考古学』を生かす　愛知県埋蔵文化財調査センターとの連携を通して」『探究』第24号，愛知教育大学社会科教育学会，pp.24-31
4) 総合的な学習の時間のカリキュラム・マネジメントにおいても，各教科との関連性を求める実践の必要性が求められている。中留武昭・曽我悦子（2015）『カリキュラムマネジメントの新たな挑戦　総合的な学習における連関性と協働性に焦点をあてて』教育開発研究所等を参照
5) 戦争と平和の博物館　ピースあいちのWebサイト　http://www.peace-aichi.com/
6) 大学におけるNIEの実践については，以下の報告を参照。白井克尚（2016）「大学における地域の歴史遺産を活用したNIE実践の開発　ピースあいちとの連携を通して」『東邦学誌』第45巻第1号，pp.111-124

3 教師はいかにして対話的な歴史学習を成立させるのか
―― 対話を重視する教師の授業実践から読み取る3つのポイント

1 はじめに

　近年の教育改革の中，学習過程における「対話」[1]の重要性が注目されています。新学習指導要領では「主体的・対話的で深い学び」の実現へ向けた授業改善が掲げられ，認知科学の領域でも「対話」が子どもたちに学習内容の深い理解を促すことが明らかにされています[2]。

　特に，歴史学習における「対話」は，お互いの歴史解釈の相違やその妥当性，異なる価値観によって生まれた歴史認識の共存を図るうえで極めて重要なツールです。対話によって子どもたちは，多様な歴史の解釈を知り，解釈に用いた情報の信憑性をめぐって批判的思考を深め，異なる歴史認識の共存の道を探ります[3]。また，価値多元社会である現代においては，異なる文化的背景や価値観をもつ人々と協働して未知なる課題の解決を図ることが求められます。その時，互いの価値観を理解し，協働して課題解決に向かう民主的な市民として必要となるのが対話です。したがって，社会科歴史学習における「対話」とは，お互いの歴史解釈への理解を深めるツールであり，民主的な市民を育成するうえで必要なスキルといえるでしょう。

　しかし，実際の授業において，教師はいかにして子どもたちの対話を成立させているのでしょうか。対話の重要性を理解していても，それを授業で実践することは容易なことではありません。そこで本節では，対話を重視した授業を行う教師の授業実践を分析することで，子どもの対話を成立させるために教師がどのような授業デザインを行っているのかを明らかにしたいと思います。

　本節で取り上げる実践は，成田道俊実践（岡崎市立竜海中学校）と安井文一実践（愛知教育大学附属岡崎中学校・当時）の2つです。これら2つの実践を取り上げる理由は，①子どもたちの対話場面が保障されていたこと，②教師に対する聞き取りにおいて「対話」をベースにした授業デザインをしていると語っていたこと，③新学習指導要領における見方・考え方を働かせる授業に挑んでいることの3点です。そうした3つの条件を達成していた成田実践と安井実践を取り上げ，本節の役目である対話を成立させる教師の授業デザインのポイントを明らかにします。

2 対話を成立させる歴史学習の3つのポイント

　まず，本節で取り上げる2つの実践の概要を述べたいと思います。成田実践は，学習単元

「第二次世界大戦と日本」（中学校第3学年）であり，単元の核となる問いは「なぜ国民は，始まった戦争を止めることができなかったのか」です。子どもたちは，当時の様々な立場の人々（国民・軍部・天皇・政府）が，どのような考えや思いをもっていたのか調べ学習を通して認識し，調べてわかった当時の人々の思いから「なぜ国民は，始まった戦争を止めることができなかったのか」について，追究を行いました。単元の最後には，「同じ過ちを起こさないために，私たちにできることはなんだろう」という問いのもと，日本という国家の視点，国民という自分たちの視点から，これからの日本社会について考えるものとなっています。

一方，安井実践は学習単元「古代国家の成立と東アジア」（中学校第1学年）であり，単元の核となる問いは「奈良時代，天皇の力は，日本列島の全体に及んでいたのか，及んでいなかったのか」[4]です。平城京の復元図や当時の航海の様子を示す史料，古事記や日本書紀の内容を基にしながら，当時の天皇の権力が果たして日本列島全体に及んでいたのか，及んでいなかったのかについて追究を行いました。子どもたちは資料を基に根拠ある意見交流を行い，奈良時代の特徴や当時の人々の様子に迫るものとなっています。

それでは，各実践の概要を踏まえたうえで，観察者からみた子どもたちの対話を成立させる教師の授業デザインの3つのポイントを述べたいと思います。

ポイント①　子ども同士でお互いの発言を吟味・評価し合う教室空間を築く

両実践者ともに特徴的だったのは，子ども同士でお互いの発言を吟味・評価し合う教室空間が築かれていたことです。具体的な授業場面を基に見ていきましょう。以下は，安井実践の一場面です。単元の核となる問い「奈良時代，天皇の力は日本列島の全体に及んでいたのか，及んでいなかったのか」に対して，東北地方はエミシがいたから天皇の力は及んでいなかったというある子どもの発言に対する子どもAの意見と，子どもAの考えに対する子どもBの反応です。

資料1　対話例1

（東北地方はエミシがいたから天皇の力は及んでいなかったという子どもの発言に対して）
A1：えっと，時代があってるかわかんないんですけど，坂上田村麻呂がエゾに行って，そこらへんの兵を倒したとかいってるから，それでもうエゾとか東北のほうは領地になっていると思う。
T1：Aくん，ちなみに及んでいた派に近い？
A2：及んでいた派です。
T2：うん，なるほど。
（中略）
T3：えっと，Bくん。
B1：はい，僕はちょっと及んでいなかったっていう風に思って。ついさっきわかったことなんですけど，平城京ができたのが710年。で，さっきAくんが坂上田村麻呂がっていってくれたんですけど，その人が生まれたのが758年で平安時代の人。だからまず奈良時代には存在しなかった人だから，まず東北の方が統一できてなくて，エミシとかは反抗していて。で，758年にこの人が生まれてそれからやっと平定できたものだから，まず東北の方はその人たちが勝手にいろいろと治めていた訳だから，力は及んでいなかったってことで，僕は及んでいなかったと思います。
T4：なるほど，なるほど。

上記の場面では，子どもAが坂上田村麻呂の東北遠征を根拠として東北地方にも天皇の力が及んでいた，と主張するのに対し，子どもBは坂上田村麻呂は平安時代の人物であることを根拠に子どもAの意見に反論をしています。

　対話的な学習を行ううえでポイントとなるのが，上記のような子どもがお互いの発言を吟味・評価し合える教室空間を築くということです。時代が異なっている子どもAの意見に対し，歴史的事実を根拠に子どもBが誤りを指摘することで，子どもAの考えを修正するに至っています。このように子ども同士でお互いの発言を吟味・評価させることは，クラス全体でのより妥当な歴史解釈の探究へとつながっていきます。

　このような教室空間を築くために，教師はどのような働きかけを行っているのでしょうか。ここで注目したいのが，子どもの発言に対する教師の反応です。坂上田村麻呂を根拠とした子どもAの意見が，話し合っている奈良時代と乖離していることを教師は認識していながら，その発言を否定したり再度聞き直したりせず，受容的に受け止めています（下線部）。また，子どもAの誤りを指摘した子どもBに対しても教師は肯定的な評価を行っていません。これら子どもの発言に対して評価を行わないことは，成田実践にも見られる特徴でした。教師が子どもの発言に対して評価を行うことは，子どもの発言の正誤を判断することになり，子どもは正解・不正解を気にかけ，自分の意見を述べることを躊躇してしまう恐れがあります。また，教師の判断が正解だと思うことで，子どもは自分以外の子どもの発言を吟味・評価しようとは思わなくなります。あえて教師側から子どもの発言を評価しないことで，子どもは正解・不正解を気にせず自分の意見を述べることができ，お互いの意見を吟味・評価し合う教室空間を築くことができていたといえるでしょう。

ポイント②　資料に基づいた根拠ある意見を促す

　次に注目したいのが，子どもの発言に対して，そのような考えをもつ背景となった資料について教師が尋ね，資料に基づく根拠ある意見を促していることです。以下は，安井実践において，当時の百姓は生活の苦しさから天皇に対して不満を抱いていたという子どもCの発言に対する教師の反応と，その後の展開です。

資料2　対話例2

> C1：当時の百姓とか農民とかは，税とかを負担されて決して豊かな生活ではなかったし，やっぱり万葉集にも農民の苦しさとか，そういうのを歌った歌があるから，一部の人は不満を抱いていて，天皇のことをよくなく思っていたんじゃないかなって感じます。
> T1：ちなみに万葉集の歌とかっていうのは，どこかに載ってる？　具体的にいえる？　どこから見つけた？
> C2：（教科書の）47（頁）。
> T2：47。もしも教科書があれば一緒に見てみて。例えば47から農民がこれで貧しいなっていうのはわかる？
> C3：防人の歌。

　当時の百姓の苦しさを歌った歌を根拠として発言した子どもCに対し，教師はその根拠となった歌（資料）の詳細を具体的に尋ね，その資料をクラス全体に共有しようと促しています。

成田実践においても，兵士の立場からの意見を述べる子どもDに対して，教師はその考えをもつきっかけとなった資料について尋ねています。

資料3　対話例3

> D1：兵隊の立場で，戦争に行くときに，自殺をしに行くようなものっていってる人がいて，でも，そんなに戦争が嫌でも行かなきゃいけなかったのは，その軍のリーダーとか，政治家とかの人に，歯向かえなかったからだと思います。
> T1：これさ，誰かそういう発言があったってこと？　誰の，どんな資料だった？
> D2：えーと，『きけわだつみのこえ』。で，上原良司さんのところ。
> T2：資料集？
> D3：はい。
> T3：うん，簡単に紹介して，それじゃ。
> D4：4行目から，「特攻隊のパイロットは，理性をもって考えたなら実に考えられぬ事で，強いて考うれば，自殺者とでもいいましょうか」って書いてあるので，戦争に行くのは自殺行為だった。
> T4：なるほどね。

両実践者とも子どもに対して，資料に基づいた根拠ある意見を促していました。それは，一つの正しいとされる歴史解釈を伝達・受容する歴史学習ではなく，歴史の多様な解釈を認め，異なる歴史解釈の妥当性を吟味する歴史学習を行ううえで，資料の検討が必要不可欠な作業となるためです。教師は，子どもの意見（歴史解釈）に対して，その根拠となった資料を問うことで，より妥当な歴史解釈の可能性をクラス全体で追究できるような働きかけを行っています。

このような教師の働きかけは，学習心理学における「リフレクティブ・トス（reflective toss）」と呼ばれるものです。リフレクティブ・トスとは，子どもの発言の内容や意図を理解したうえで，さらなる精緻化や反省的思考を促すために，教師が追加で行う発問のことを指します。教師がリフレクティブ・トスを行うことで，子ども自身が発言の内容や意図を明確化することができ，お互いの多様な意見の吟味・検討・評価を促すことが可能となります[5]。

根拠に基づかない発言では，単に感想のいい合いになってしまい，歴史解釈を追究する対話にはなりません。そのため教師は，子どもに対して資料に基づく根拠ある意見を促し，歴史解釈に用いられた資料の吟味・検討をクラス全体で行う必要があります。子どもの発言の根拠となった資料について教師が尋ねることにより，歴史解釈の基になった資料の吟味・検討の機会が生まれ，より対話的な学習へと発展していきます。

ポイント③　当時の立場と現代の立場，2つの立場を意識した価値判断を行わせる

最後に注目したいのが，当時の立場と現代の立場，2つの立場を意識させて価値判断を行わせる教師の授業デザインです。歴史の学習では，現代の立場からだけでなく，当時の人々の立場を踏まえた資料読解や価値判断が重要な活動となります。なぜなら，現代の価値観が過去の人々の価値観と同じという保証はないためです。現代の価値観からのみ歴史解釈を行うことは，当時の人々の考え方や価値観を踏まえない歴史理解を引き起こす恐れがあります。そのため，歴史の学習では，現代の価値観からの判断を一旦留保し，当時の人々の立場から，歴史事象を

捉えていかなければなりません。

　成田実践では，単元の核となる問い「なぜ国民は，始まった戦争を止めることができなかったのか」に対して，当時の様々な人々の立場から，その要因の追究を行っていました。そのため，現代の一方的な立場から「戦争はよくない」「戦争はやめなければならない」と結論づけるのではなく，当時の様々な人々の考えや思いを調べることで，当時の時代的文脈を踏まえた戦争の原因の追究を行うことができていました。

　これら当時の立場（価値観・文脈）に基づいて歴史事象を解釈することは，歴史的エンパシーと呼ばれています。歴史的エンパシーとは，現代と同じ価値観から理解する共感（シンパシー）とは異なり，当時の人々の価値観や文脈から理解することを指しています。歴史的エンパシーは，過去の人々と現代の私たちとでは価値観や考え方に違いがあるかもしれないという前提に立ち，当時の人々の文脈を捉えるために資料に基づいた探究を行う歴史的な見方・考え方を働かせる一つのツールといえるでしょう[6]。

　しかし，当時の価値観からのみ歴史事象を理解していては，その原因（「なぜそのようなことを行ったのか」）だけに注目することとなり，その結果から目を逸らさせることになりかねません（「当時はそれが普通だったから，仕方なかった」）。しかし，民主的な市民育成という社会科の目標に根ざすならば，歴史事象の原因だけでなく，その結果（「どうすればよかったのか」）までを考えていく必要があります[7]。本節で取り上げた成田実践では，学習単元が「第二次世界大戦と日本」ということもあり，このような授業デザインが行われていました。単元最後には「同じ過ちを起こさないために，私たちにできることはなんだろう」という問いのもと，子ども各自が戦争に対する価値判断を行い，自分たちにできることを考えました。それは，まさに当時の立場を理解しながらも，現代の立場から歴史事象の価値判断を行っていくことに他なりません。当時の立場と現代の立場，それぞれの立場を意識しながら歴史事象の追究を行うことは，子どもの発言の幅を広げ対話を促し，歴史的な見方・考え方を働かせる学習へとつながります。

3 おわりに

　本節では，対話を重視する教師の授業実践の分析を通して，対話を促す教師の授業デザインのポイントを明らかにしました。前記3つのポイントは，対話的な歴史学習を成立させる教師の授業デザインとして2名の実践者に共通していたものです。

　しかし，この3つのポイントだけでなく，2名の実践者にはもう一つ共通していることがありました。それは，歴史学習の目標に対して「民主的な市民の育成」を掲げており，民主的な市民の育成に対話という活動が必要不可欠であると述べていたことです。両実践者はともに対話的な学習の重要性を，学習指導要領や近年の教育改革の動向から理解しているだけでなく，

社会科の目標である民主的な市民の育成という観点からも理解していました。

　教師が対話的な学習を実現するためには，その授業技術だけでなく，「そもそもなぜ社会科（歴史学習）に対話という活動が必要なのか」ということを，社会科の目標（ねらい）から問い直し，対話そのものの重要性を各教師が自身の教育観に照らして意味づけていく必要があるでしょう[8]。本節で述べた3つのポイントを，自身の社会科教育観に照らしながら，授業実践に役立てていただければ幸いです。

(植原 督詞)

【註】
1) 本節で述べる「対話」には，話し合いや討論，議論などが含まれます。土屋（2011）は，対話を「生徒同士のコミュニケーション，生徒と教師とのコミュニケーション」と定義し，討論が結論を求めて議論を戦わせるイメージがあるのに対し，対話は結論がない情報交換にも用いることができるとします。「討論」と言い換えることも可能ですが，土屋の指摘を踏まえ本節でも，相手に自分の考えを伝えるというより広義の「対話」という表現を用います。（土屋武志（2011）『解釈型歴史学習のすすめ 対話を重視した社会科歴史』梓出版社，p.81）
2) 人の学びや理解の過程を明らかにする「学習科学」という研究領域では，対話的に学び合う「協調学習（collaborative learning）」により，問題の答えや解き方，事実を無関連に覚えるのではなく，それらの意味をよく考え，互いに結びつける「深い理解」を促すことが明らかにされています。詳しくは，白水始（2006）「教室の中での学習」『児童心理学の進歩 2006年版』vol.45，金子書房，pp.85-111
3) 土屋武志（2013）『アジア共通歴史学習の可能性 解釈型歴史学習の史的研究』梓出版社，p.156を参照
4) 安井実践は，田中龍彦（2014）『討論する歴史の授業2 シナリオ・プリント・方法』地歴社を参考に実践しています
5) リフレクティブ・トスの詳細については，松尾剛・丸野俊一（2009）「学び合う授業を支える談話ルールをいかに共有するか」『心理学評論』52巻，心理学評論刊行会，pp.245-264を参照
6) 歴史的エンパシーと歴史的見方・考え方の関係については，原田智仁（2017）「もう一つの歴史的見方・考え方としてのエンパシー」『社会科教育』No699，明治図書，pp.4-7を参照
7) 米国の社会科教育学者であるバートン（K.Barton）は，過去の人々の行為の原因のみに焦点化するのではなく，その結果にまで配慮する「ケアリングとしてのエンパシー」の必要性を述べています。詳しくは，キース・C・バートン，リンダ・S・レヴスティク／渡部竜也他訳（2015）『コモン・グッドのための歴史教育 社会文化的アプローチ』春風社を参照
8) 米国の研究では，教師の持つ社会科の目標（ねらい）が，教師の実践に大きな影響を及ぼすことが示されています。詳しくは，スティーブン・J・ソーントン／渡部竜也他訳（2012）『教師のゲートキーピング 主体的な学習者を生む社会科カリキュラムに向けて』春風社を参照

4 「見方・考え方」をどう捉えるか
——評価の手法

○ 「見方・考え方」とは

今回の学習指導要領では，評価も変わってきます（資料1）。

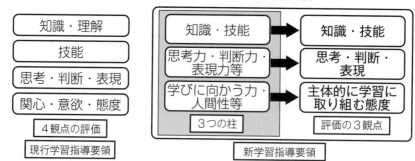

資料1　現行と新しい学習指導要領の評価

平成20年版学習指導要領では，4観点により評価が行われていましたが，平成29年版学習指導要領では，3観点によって評価を行うこととなります。この評価の観点は，育成すべき資質・能力の3つの柱である，「知識及び技能」「思考力，判断力，表現力等」「学びに向かう力，人間性等」を整理した観点について評価していくこととなります。

平成29年版学習指導要領では，資質・能力を確実に育むためには，学びの質や深まりが重要とされています。そこで，子どもが「どのように学ぶか」について，授業改善の視点として「主体的・対話的で深い学び」が示されています。この視点の中の「深い学び」について次のように示されています。

> 習得・活用・探究という学びの過程の中で，各教科等の特質に応じた「見方・考え方」を働かせながら，知識を相互に関連付けてより深く理解したり，情報を精査して考えを形成したり，問題を見いだして解決策を考えたり，思いや考えを基に創造したりすることに向かう「深い学び」が実現できているか
> （幼稚園，小学校，中学校，高等学校及び特別支援学校の学習指導要領等の改善及び必要な方策等について〔答申〕）

この「見方・考え方」は評価の対象ではなく，育成すべき資質・能力を育むための鍵として捉えることができます。

もう少し詳しく見ていくと，「見方・考え方」は，総則に次のようにも書かれています。

> 特に，各教科・科目等において身に付けた知識及び技能を活用したり，思考力，判断力，表現力等や学びに向かう力，人間性等を発揮させたりして，学習の対象となる物事を捉え思考することにより，各教科等の特質に応じた物事を捉える視点や考え方（以下「見方・

> 考え方」という)が鍛えられていくことに留意し,生徒が各教科・科目等の特質に応じた見方・考え方を働かせながら,知識を相互に関連付けてより深く理解したり,情報を精査して考えを形成したり,問題を見いだして解決策を考えたり,思いや考えを基に創造したりすることに向かう過程を重視した学習の充実を図ること

　このことから,「見方・考え方」を少し違った角度から考えると,教師は子どもの資質・能力を育成するために,子どもが「見方・考え方」を働かせる学習を考えていくことが重要になると捉えることができるのではないでしょうか。このような教師の姿勢が,子どもの「見方・考え方」を育てることとなり,深い学びを実現し,育成すべき資質・能力を育むことができることになります。

　平成29年版学習指導要領では,評価は育成すべき資質・能力について行われます。その際,前記答申の中に,「資質・能力のバランスのとれた学習評価を行っていくためには,指導と評価の一体化を図る中で,論述やレポートの作成,発表,グループでの話合い,作品の制作等といった多様な活動に取り組ませるパフォーマンス評価などを取り入れ,ペーパーテストの結果にとどまらない,多面的・多角的な評価を行っていくことが必要である」とあるように,多様な評価の仕方が必要となります。

　ただし,この章では,評価をどのようにすべきかを考えるために,「見方・考え方」に視点をあて,どのように子どもの学びを見取り,それを評価していくのかについて述べていきたいと思います。

　さて,この「見方・考え方」について,歴史的な「見方・考え方」は,社会的事象を時期,推移などに着目して捉え,類似や差異などを明確にしたり事象同士を因果関係などで関連付けたりすることと考えられています。

　つまり,子どもに対して単に知識を教え込むのではなく,子どもが自ら社会的事象を明らかにしていく過程を大切にした学習を行っていくことが重要であるということができます。それを実現するために問題解決的な学習は欠かせません。

　そこで今回は,中学校３年生歴史分野「兵士たちにとっての硫黄島」の実践に基づいて述べていきます。

　この実践は,太平洋戦争終盤に起こった硫黄島を巡る戦いに焦点を当て,当時の戦争に関わった人々の思いに迫る中で,戦争や人々の思いをどう記憶し,つないでいくのかを考えていく授業です。この単元の主な流れは,資料２の通りです。

◯ 子どもの追究内容の見取りから「見方・考え方」を働かせる授業の構想
——教師による子どもの学びの見取りの視点から

硫黄島の戦いについての概要から兵士や家族の思いに迫る場面を取り上げます。

この単元の導入で教師は，子どもに栗林中将が家族に宛てた手紙や硫黄島の戦いにおいて摺鉢山に掲げられた星条旗の写真と出会わせました。これにより子どもは，第二次世界大戦末期に行われた硫黄島の戦いがあった事実に気付き，その激戦の内容について具体的に調べました。

そこで，教師は，この子どもの学びの状況をノートや振り返りから見取りました。

子どもは，日本軍とアメリカ軍双方の戦力や戦い方，犠牲者などの数字，また，日本軍とアメリカ軍にとっての硫黄島の地理的状況や戦時下における役割，栗林中将がつくった「敢闘の誓」などの具体的な多くの事実を明らかにしました。そして，その事実から，硫黄島の戦いがはじめから勝てると思っておらず，本土への侵攻を遅らせるために1日でも時間を稼ごうとしていた点に目を向け，さらには，それらの事実をつなげ，兵士がどのような思いで戦っていたのかといった当時の人々の思いや考えに意識を向け始めるなど子どもたちの学びの状況が浮かび上がってきました。

資料2　単元構想

単元構想（計13時間）
- 戦地からの手紙に込められた思いはどのようなものか
  - ↓ ・栗林中将が家族にあてた手紙との出会い
- 硫黄島の戦いとはどんな戦いだったのか知りたい
  - ↓ ・書籍やインターネットを用いての硫黄島の戦いの状況や背景の調査
  - ・大学の歴史研究者への取材活動
- 厳しい戦争に，兵士や家族はどんな思いで取り組んだのだろう
  - ↓ ・元兵士やその家族など，戦争体験者への取材活動
  - ・研究者やNPO・NGO団体への取材活動
- 戦争への記憶が薄れつつある今，私たちこそが戦争と向き合い，戦争や兵士の思いを記憶し，伝えていく必要がある
  - ↓ ・戦争体験者への再取材
  - ・元兵士やその家族の思いを記録に残す活動
- 戦争への記憶が薄れつつある今，未来を見据え，真の平和を求めるために，私たちが戦争を記憶し，つないでいかなければならない

この子どもの学びの状況から教師は，単元構想（資料2）を意識し，それぞれの子どもが捉えた硫黄島の戦いを関連づけながら明らかにするとともに，その背景にある人々の思いや願いに目を向けさせたいと考え，資料3のような授業構想をし，子ども同士による「対話」を行いました（資料4）。

資料3　子どもの学びの見取りからの授業構想

①背景や概要などの事実を出し合い，関連づけながら，硫黄島の戦いを明確にする
②硫黄島の戦いが本土への侵攻を1日でも遅らせるために時間を稼ごうとした戦いであったという考えを学級全体で共有する
③兵士の思いに迫ろうとしている子どもの考えに学級として焦点化し，子どもの思いを次の学びにつなげていく

資料4　授業記録（一部）

昇太：戦死者については，日本軍が約20,000人，米軍が約7,000人，戦傷者数は日本軍が約1,000人，米軍が約21,000人，合計については，戦死者と戦傷者の合計では米軍の方が約28,000人で日本軍より被害が大きく見えるが，実際は日本とアメリカの総力に差があった。

裕也：死ぬまで守りきれというのは，戦力的には米軍の方が圧倒的に多くて，硫黄島は勝てるとは思っていなくて，

> 　　　　1日でも長く戦う期間を増やして日本への攻撃を遅らせようとして戦っていた。
> 優大：日本やアメリカから見た硫黄島の役割について。日本から見たら，マリアナ諸島やサイパンからやってくるB29の空襲をいち早く発見して本土へ伝えるための監視地点という役割。逆にアメリカもそこを崩せば，日本へ空襲をすることを発令させる前に攻撃ができる。
> 慎二：優大君に付け足し。日本にとって硫黄島は，B29の三重攻撃の場所で，B29を落とすための基地があった。アメリカにとっては，硫黄島は滑走路の建設に適した場所だった。そこを取ることで，爆撃機と戦闘機の基地の確保ができる重要な場所だった。
> 杏子：B29の関連で。B29だけなら，サイパンと日本（東京）の往復はできたのだが，護衛の戦闘機がB29の半分程度しか航行距離がなかった。硫黄島を占領することで，B29に護衛をつけることができたので，硫黄島を占領したいと考えた。
> （中略）
> 未歩：指揮官の栗林が出した敢闘の誓いがある。そこには爆薬を抱いて敵の戦車にぶつかれや，一人になっても島を守り切れ，死守しろと書いてあって，日本兵はどういう気持ちで戦いに臨んでいたかを考えるとすごく辛い。
> 陽子：栗林という人は3人の子どもをもつ父親。この硫黄島の戦いは，1日でも本土への空襲を遅らせることをねらって戦っているので，戦った父親たちは本土にいる子どもや妻を守るために，一生懸命に戦っていたのだと思う。
> 寛太：栗林さんは，もう，完全に負けてしまう，長く持ちこたえることができないのが明白な戦いなのにもかかわらず，家族のために，1日でも長く戦って，日本への被害を少なくできるように考えていたのだと思う。
> 葉月：栗林という人は他の指揮官とは違った考えをもっている。勝てる戦いだとは思ってはいなかった。それでも，万歳突撃や自決は禁止といっていた。死ぬとわかっていても最後まで戦おうという強い覚悟があった人。

　授業の前半では，子どもは具体的な数字等を示し，互いに明らかにした事実をつなげながら硫黄島の戦いの概要や背景を明らかにしていきました。教師は，硫黄島の戦いが本土への侵攻を1日でも遅らせるために時間を稼ごうとした戦いであったという考えを取り上げた後，さらに，兵士の思いに注目している子どもの発言を取り上げてつなぐことで，学級としての問題を焦点化しました。

　この授業構想による対話を終えた子どもは，「厳しい戦争に兵士や家族はどのような思いで取り組んだのだろう」といった次の問題を明確にし，学びを続けました。

　このように，学級として問題が一つであってもそれに迫るための子どもの学びは多岐にわたります。子どもの主体的な学びを実現するためには，それらを対話の場において，どのように表出させ，子どもが，互いに明らかにした事実や考えを「見方・考え方」を働かせながら関連づけ，新たな次の問題を見出すことができるようにするかということが重要です。そのためにも，教師は，日頃から子どもの学びの状況がわかる子どものノートやそこに書かれた振り返りを丁寧に見取ることが必要です。

◯ 子ども自身が仲間の学びを見取り，「見方・考え方」を働かせながら自身の学びを深める──子どもによる学びの見取りの視点から

　これまでは，子どもに「見方・考え方」を働かせるような授業を構想するための，教師の学びの見取りについて述べてきました。ここでは，教師による学びの見取りでなく，子ども相互による学びの見取りによる「見方・考え方」を働かせる取り組みについて述べたいと思います。

子ども自身が互いの学びを見取ることは，互いの学びを知ることで刺激を受けたり，与えたりするなど，子ども自身の学びに対する意欲づけになります。それに加え，自分の学びとの類似や差異などを自ら見出すことができ，事象や自分の考えを新たな視点で捉えるなど，自分の学びを深めることにつながります。

　子どもが，互いの学びを見取るために，これまでも，一人調べの内容を座席表などの一覧にして子どもに配付をすることなどは，よく行われてきました。この手法は，子どもの考えが一覧になっており見やすいことや，内容も教師が意図をもって記載することができることなどのメリットが考えられます。反面で，スペースが限られてしまい，記載できる量が限られてしまうことで，子どもの思いや考えを十分に掲載できないことがあります。

　そこで，資料5のような，「追究まとめ」による交流という手法を紹介します。

　これは，単元において，問題に対して子ども一人ひとりの追究が深まり，対話に向かう前段階に主に行います。

　この「追究まとめ」を作る際のポイントは次の通りです。

資料5　「追究まとめ」

○一人あたりA4一枚
○追究内容や考えを読み手の目を引くように，タイトルは端的に示す
○タイトルに対する自分の考えを明記する
○自分の考えの根拠を明記する
○文字量を多くしすぎない

　作成の段階でも，子どもは問題に対して自分が調べてきたことを整理しながら明らかにし，そこから自分の考えを作りあげるなど，「見方・考え方」を働かせています。

資料6　「追究まとめ」を掲示する

　しかし，この「追究まとめ」は，作成してからが重要です。これを資料6のように全員分掲示し，互いが見ることのできる環境を作り出します。そして，「付箋による対話」の時間を設定します。例えば，自分の考えと同じであれば青い付箋，自分の考えと異なれば赤い付箋に自分の考えを端的に記入して，資料7のように互いの「追究まとめ」に貼っていきます。この互いの「追究まとめ」，また，自分の「追究まとめ」に貼られた付箋を読み合い，自分の追究内容や考えと同じ立場なのか，異なる立場なのかを考えることで，関連づけをしていきます。同時に，自分の学びが学級全体の学びの中でどこに位置づくのかも明らかにします。

資料7　付箋による対話

この活動を通して，子どもは自分と仲間の考えを関連づけ，対話に臨みます。同時に，仲間の追究を知ることで，対話がどのようになるのかなどの見通しをもって臨みます。そして，仲間の考えに類似や相違で関連づけた発言，さらに新たな視点（認識）での発言が見られ，結果として全体や個の学びが深まることになるのです。

　実際に，「兵士たちにとっての硫黄島」実践において，「厳しい戦争に，兵士や家族はどんな思いで取り組んだのだろう」（資料２）という問題に対して個人追究を進めた段階で，「追究まとめ」の作成と付箋による対話を行った後，全体での対話を行いました（資料８）。

資料８　授業記録（一部）

晶代：	日本軍と米軍の硫黄島に対する思いを追究してきた。みんなは，日本軍のことを追究したと思うけれど，私は米軍のこと，米兵個人の思いを知ることができた。米兵も日本兵と同じで，家族に会いたいなど，苦しんで，おびえる日々だった。
（中略）	
昇太：	当時の国民についても調べた。兵士の見送りは，表向きは家族がそろって華やかに行われているけれど，裏では本当は負けるのではないかという不安，お父さんや夫に死んでほしくないという感情と戦っている。
葉月：	栗林中将が戦後のどんな未来を望んでいたのかを考えたり，調べたりした。そこから，私たちは何を学ぶか。これをいま，私たちが学ぶことで将来が少しでも変わるのではないか。
沙紀：	過去から学んで，未来につなげていかないといけない。しかし，それは，戦争を起こさないということだけでよいのか。ここまで深く追究してきて見えたこと，初めてわかるものはなんなのかを考えた時に，兵士たちの家族への深い愛だとか，本当に伝えたかったこと，昔の人が未来に向けていいたかったことを，きちんとくみ取って，引き継いでいかないといけない。
昇太：	戦争を引き起こさないだけではなく，自分たちが書きまとめたり，体験者の声を後世に伝えたりしなければならない。いまの自分たちは戦争を起こさないだけじゃなくて，後世に伝えることが義務なのではないか。
未歩：	私は亡くなった人の命を無駄にしたくない。兵士のことを忘れないために，昇太君もいったように，後の人に戦争や兵士の思いを伝えなければならない。

　第一発言者の晶代は，「みんなは，日本軍のことを追究したと思うけれど」と，仲間の追究内容を見通した発言をしました。これは，付箋による対話により，晶代が自分と仲間の追究を把握したと感じたためです。

　この晶代の発言を皮切りに，授業では兵士や家族の思いに迫る意見が出されていきました。その中で教師は，これまでの追究から将来のあり方に目を向けている葉月を指名しました。そして，この発言に沙紀が続きました。沙紀は兵士の思いを知ったうえで，自分たちが記憶していく，残していくことの必要性を主張しました。この沙紀の発言により，話し合いはこれから自分たちが進むべき方向に焦点化され，昇太や未歩のような発言につながりました。互いの追究を事前に把握していたからこそ発言がつながり，深まりのある授業展開となりました。

　このように，子どもの学びの状況を見取って授業構想をデザインすることは，子どもの「見方・考え方」を働かせ，深い学びを実現する効果的な評価の手法です。それに加え，子ども同士が互いの学びの状況を見取り合うことで，子どもは，さらに仲間のどのような考えに自分は同意していくのか，批判していくのかなどの見通しをもって対話に臨むことができます。これを基に対話による授業を展開することで，より子どもの考えは関連づけられ，学びが深まっていくこととなります。

◯ 子どもの学びを見取るために，子ども自身が学びを自覚するために

このように，「見方・考え方」を働かせるための授業を構想するための子どもの学びの見取りとして，毎時間の子ども自身による授業の振り返りは大切にしていきたいものです。もちろん，現在も「振り返り」や「授業日記」「授業感想」など，様々な呼び方で振り返りが行われていることと思います。

しかし，時として，子どもの振り返りには，「発言がたくさんできてよかった」「○○君のいったことがおもしろかった」などの記述が並ぶことがないでしょうか。このような振り返りでは，教師がその授業における子どもの学びの状況を捉えることは困難です。

これは，教師だけの問題ではありません。子どもの立場から見ても，子ども自身が自分の学びの状況を把握したり，価値を自覚したりできていないことになっているのです。

これでは，子どもが問題や目標を明確にして，次に進むことはできません。振り返りは，教師が子どもの学びの状況を捉えるとともに「子ども自身が自分の学びの状況を自覚する」という二面性をもつことが重要になります。

このような側面を保たせるためには，振り返りの場面において，単に子どもに「振り返りをしましょう」「感想を書きましょう」と伝えるだけでは不十分です。子どもが自ら学びを見つめ直したり，仲間の学びと比較したりしながら，新たな学びに向かえるように振り返りをさせることが大切です。そのためには，子どもに視点をもたせることが大切になります。資料9は，その視点の一例です。

資料9　振り返りの視点と子どもへ提示する視点の例

振り返りの視点	子どもへ提示する振り返りの視点
（個の追究の場における視点） ・それまでの事実や考えと新たに獲得した事実や考えとをつなぐ視点 ・次の追究への見通しを明確にする視点 ・自分の追究の見通しの足りなさ，あいまいさを自覚する視点	・新たに何がわかりましたか ・いままで明らかになっていた事実や考えとどうつながりますか ・次に何をしますか ・はっきりしないことは何ですか ・何がわかっていて，何がわかっていませんか
（関わり合いの場における視点） ・他者と関わることで獲得される新たな認識の視点 ・それまでの自分の考えと他者と関わることで獲得される新たな考えとのつながりの視点 ・他者と関わったこと（場）への視点	・新たに何がわかりましたか ・仲間のどんな考えに影響を受けましたか ・仲間の考えと自分の考えはつながりますか ・仲間との対話は有効でしたか

| （単元の終末における視点）
・単元を通した自分の成長の視点
・単元を通した他者との関わりでの考えの変化の視点 | ・仲間と追究することで考えはどう変化しましたか |

　一人調べなどの個の追究や対話などの関わり合いの場，さらには単元の終末における全体の振り返りの場など，学習の形態によって振り返る視点は異なります。理想は，子どもが自らの学びの状況に応じた振り返りができるようになることです。しかし，はじめはこのような視点をもつことは難しいため，教師により視点を示すことが有効です。

　このようにすることで，教師が子どもの学びの状況を把握することに加え，子ども自身も自らの学びを客観的に振り返ることができ，自らの学びの状況を把握することにつながるのです。

　今回は，形成的評価として，どのようにして子どもに「見方・考え方」を働かせる授業を構想するのか，そのための子どもの学びの状況の見取りについて述べてきました。

　子どもが「見方・考え方」を活かしながら，深い学びを実現していくためには，教師による徹底的な見取りは欠かすことができません。学習指導要領や子どもが変わろうとも「まず，子どもありき」「子ども中心」の教師としての姿勢は大切にしたいものです。

（稲吉　直樹）

「見方・考え方」を育てる中学歴史授業モデル

第2章 イントロダクション
―― 第2章の「見方・考え方」

　第2章では，各執筆者が，平成29年版学習指導要領において，社会的な見方・考え方を働かせながら，主体的・対話的で深い学びを実現するためにはどのように授業展開をしていくべきかについての具体的な実践案を提案しています。これらの提案の基本は，どの案も「若手でも挑戦しやすいこと」「特別な資料を必要とせず，従来の教授的・客体的な子どもの学び（従来から課題解決的な授業を展開していたというご意見はともかくとして）から，子どもの主体的な学びへの転換を目指している」点です。また，提案性の高い実践計画だということを念頭におき，読み進めていただければ幸いです。以下に，第2章を読み進めるうえでのポイントを記述します。

1　単元目標

　単元目標については，平成29年版学習指導要領に合わせ，「知識及び技能」「思考力，判断力，表現力等」「学びに向かう力，人間性等」の三点で記述しています。特に「学びに向かう力，人間性等」については，単元全体に関わる資質・能力であるため，後に掲げる歴史的な見方・考え方の表には掲げずにこの部分に記載することとしました。

2　めざす子ども像〜こんな姿に〜

　めざす子ども像は，本単元を通してこんな歴史認識をつかんだ子になってほしい，その認識を得るためにこんな力を活用できる子になってほしいという姿を描いています。社会科の本質に迫るため，資質・能力面だけでなく，できるだけ具体的な内容面についても記述しました。

3　単元構想

　単元構想は紙面の関係上，大きく2点を中心に掲げています。1点目は「単元を貫く課題の設定理由」です。この単元が，どんな特徴を有しており，その特徴をどのように生かして授業を進めていくか，つまり，単元を通して意識していくべき課題「単元を貫く課題」をどのように設定したかについて，教師の視点で記述しました。2点目は「単元内の核となる学習活動」についてです。1点目で掲げた「単元を貫く課題」を追究していくうえで，単元内の学習活動

に軽重がつくのは想像いただけるでしょう。その中でも，重きを置いた部分，つまり，単元の核となる部分をなぜ設定したのかについて，それぞれの単元の提案者が自分の考えを記述しました。平成29年版学習指導要領における「主体的・対話的で深い学び」が，実践案の中で最も特徴的に実践できる部分の解説になっていると思っていただければわかりやすいでしょう。

④ 本単元で働かせたい「歴史的な見方・考え方」

　この項目では，単元を大観することができるように，毎時間の学習課題を掲載しました。また，平成29年版学習指導要領で示された，社会事象の歴史的な見方・考え方を，どの場面でどのように働かせたらよいのか，その例も記述しています。また，それぞれの学習課題ごとに身につけたい資質・能力を，三観点のうちの「知識・技能」と「思考・判断・表現」にしぼって記載しました。「主体的に学習に取り組む態度」は，先述の通り，「学びに向かう力，人間性等」として目標に掲げてあるためここには記載していません。

⑤ 単元のすすめ方

　この部分については，各執筆者が，具体的に授業を行っていく「実践案」を記載しました。今までの教師経験で得た授業実践における子どもの思考の流れを，平成29年版学習指導要領でねらう「主体的・対話的で深い学び」にするためには，どのように授業を「展開すべきか」読み取っていただけると考えています。本書の執筆者は，ほとんどが小学校と中学校の両方での実践経験を有しています。ゆえに，小中の連携も意識した提案となっています。また，平成20年版学習指導要領においても，課題解決的な歴史学習の実践に取り組んできた者ばかりであり，仮想指導案による提案ですがいままでの経験を十二分に生かして提案しています。

★チャレンジ もっと 主 対 深

　「主・対・深」は，「主体的・対話的で深い学び」の略です。
　ここまでの項目は，全国の，どの中学校においても，経験の豊富さにかかわらず，誰もが実践可能な授業提案を意識して記述しました。しかしこの項目では，授業力のさらなる向上を目指し，「より研究的な実践を行うためにはどんな単元展開ができるか」という視点で授業提案をしています。一読後，読者のそれぞれの地域でどのような実践が可能かについて，教材研究が必要になりますが，主体的・対話的で深い学びに迫るにはどうしたらよいかを考えるヒントとなるでしょう。
　以上の点に留意して，本章をお読みいただければ幸いです。

(森田　淳一)

2 A 歴史との対話

(1) 単元名：私たちと歴史（計2時間）

私たちは，なぜ歴史を勉強するのだろうか
――子ども自身が「学ぶ意味」を見出す歴史授業開きとは

◯ 授業開きを何のために行うか

　右は，筆者が中学生に「歴史を学ぶ意味」を尋ねた時に得られた回答の一部です。歴史学習に対して消極的な子どももいます。

　平成29年版学習指導要領解説社会編（この項内以下，指導要領）で新しく掲げられた内容項目「私たちと歴史」では，歴史学習の導入として，「学ぶ意味」を高めることがカギとなります[1]。本項目を包括する大項目「歴史との対話」では，ねらいとして次のように述べられています。

中学生に尋ねた「歴史を学ぶ意味」の回答
・歴史上の失敗から学ぶために勉強しています
・僕は，歴史を通していい判断ができるようになるために学んでいます
・演出家になるのに役立つかもしれないから学びます
・よい成績をとるために勉強します
・歴史を学ぶ意味はわかりません

> この大項目は，歴史的分野の学習の導入として，歴史的分野の学習に必要とされる基本的な「知識及び技能」を身に付け，生徒が，過去を継承しつつ，現在に生きる自身の視点から歴史に問いかけ，歴史的分野の学習を通して，主体的に調べ分かろうとして課題を意欲的に追究する態度を養うことをねらいとしている

　「主体的」「意欲的」な態度を養うには，子ども自身が積極的な「歴史を学ぶ意味」をもつことが必要です。授業開きにおいて，資料集やワークの配布，時代区分の順番・西暦と世紀の言い換えを教えるだけで終わってしまっては，不十分でしょう。そこで本節では，中学校歴史学習へ「主体的」「意欲的」に取り組んでいくための授業開きを「歴史を学ぶ意味」に注目しながら提案します。

◯ ねらいを達成する授業開きをデザインするうえで必要な2つのポイント[2]

ポイント① 歴史そのものの意味に注目させる！

　授業開きでは，歴史から学べることに注目させていく必要があります。例えば，「労働の歴史」「権力の歴史」「戦争の歴史」といったいまの社会に役立つ歴史事象・概念を授業開きで用いることができるでしょう。なお，そうした歴史事象・概念は子どもの興味・関心を含んだものにするとさらによいです。

ポイント②　歴史を学ぶ際に意識してほしいこと（歴史の捉え方）に注目させる！

　ポイント①で示した歴史そのものに注目させるだけではなく，歴史の捉え方にも注目させる必要があります。例えば，「議論すること」「資料を調べてみよう」や「原因と結果」「比較」などの歴史的な見方・考え方などが歴史の捉え方になります。歴史の捉え方は，いまの社会でも必要であることに注目させたいです。そのために，49頁資料Bのように歴史を学ぶうえで意識してほしいことを一覧表にできます。本表のように，教師自身の願いを踏まえつつ作成したものを配布することは有効です。

　授業開きでこの2つのポイントを達成していくことは，資料Aのように「歴史そのものに学ぶ意味がある！」「歴史の捉え方に学ぶ意味がある！」ということを実感させ，子ども自身が「主体的」「意欲的」に歴史を追究する態度を養うことができます。

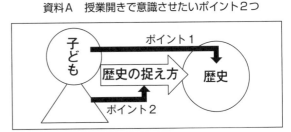

資料A　授業開きで意識させたいポイント2つ

1　単元目標

① **【知識及び技能】**

　自分が生きた12年間に関する年表を作成したり，資料から歴史の事象・概念を読み取る活動を通して，年表の表し方や歴史の調べ方などを理解できる。

② **【思考力，判断力，表現力等】**

　49頁資料Bにある「歴史を見るとき」を用いて，学習課題を解決する中で，「『権力』の性質はどのように変わってきたか」「年表にはどのような特徴があるか」について自身で考えを持ち，表現することができる。

③ **【学びに向かう力，人間性等】**

　49頁資料Bにある「歴史を見るとき」を理解し，歴史学習に対して「学ぶ意味」を見出すことができる。

2　めざす子ども像～こんな姿に～

　歴史を学ぶ積極的な意味を見出し，歴史学習へ主体的・意欲的に取り組もうとする子ども。

3 単元構想

(1) 教材観

本モデルでは,「織田信長・伊藤博文（1/2時間目）」「年表（2/2時間目）」を教材として設定しています。1時間目に用いる「織田信長・伊藤博文」は,歴史概念「権力」を考えるうえで適切な教材です。織田の場合,武力が「権力」と大きく関係していた一方で,伊藤博文は,内閣総理大臣という地位が「権力」と大きく関係していました。両者を用いることで「権力の歴史」といういまの社会で活きる概念を学習し,ポイント①を達成していくことができます。

2時間目に用いる「年表」は,作成者自らの価値観や基準により各時代の象徴的な出来事を編成したものです。そのため年表は,作成者の意図を49頁資料B「歴史を見るとき」を用い話し合う授業が可能となる教材です。「年表」を用い,ポイント②を達成していくことができます。

(2) 指導観

子ども自身が「学ぶ意味」を見出す指導を行います。2時間の授業の学習課題に対する子どもの答えはもちろん重要です。しかしあくまで「授業開き」として,上記の課題を通してポイント①やポイント②で述べた「歴史そのものに学ぶ意味がある！」「歴史の捉え方に学ぶ意味がある！」ことを実感させ,主体的・意欲的に学んでいく態度を養うことを重視します。

4 本単元で働かせたい「歴史的な見方・考え方」（丸数字は該当時数）

単元を貫く問い	課題	見方・考え方	身につけること	
			知識・技能	思考・判断・表現
私たちは、なぜ歴史を勉強するのだろうか	「歴史を見るとき（資料B）」を使って、「権力」の性質はどのように変化してきたか考えよう①	・背景 「どのように権力を獲得し使ったか」 ・変化 「権力の性質はどう変化してきたか」	・織田信長と伊藤博文に関する資料を読んで、それぞれがどのようなことを行ってきたか読み取ることができる	・織田信長と伊藤博文に関する資料から、各々が「権力」をどのように獲得し、使ったかを話し合う活動を通して「権力」の性質が歴史的に変化してきたことを説明できる
	「歴史を見るとき（資料B）」を使って年表にはどのような特徴があるか考えよう②	・時期、年代 「時代はどのような基準で区分されているか」 ・差異 「信長に関する2つの年表の違いはなんだろう」	・令和までの時代区分をいうことができる ・時系列に沿って、自身の年表を作成できる	・年表に書かれる歴史は、作成者が重視する事象により作られたものであることがわかる ・年表を比較し、作成者の考え方や意図を読み取ることができる

5 単元のすすめ方

第1時 学習課題「『歴史を見るとき』を使って,「権力」の性質はどのように変化してきたか考えよう」

第1時の板書

ここが 主 対 深

織田信長と伊藤博文の「権力」の性質の変化について話し合う活動を振り返る中で,歴史学習では,いまの社会に役立つ歴史事象・概念を学べることに子どもが気付きます。

○第1時の目標

- 2人の歴史上の人物について資料から調べる活動を通して,2人の行動や時代背景などを読み取ることができる(知識及び技能)
- 2人の歴史上の人物について資料から「権力」の獲得,行使について読み取る活動を通して「権力」の性質がどのように変化してきたのかを自身で表現できる(思考力,判断力,表現力等)
- 「権力」について学んだことを振り返ることを通して,歴史学習では,いまの社会に役立つ歴史事象・概念を学べることに気付き,「歴史を学ぶ意味」を見出すことができる(学びに向かう力,人間性等)

	○主な問い，学習活動・内容	◇指導の手立て　□資料　☆見方・考え方　【　】評価
つかむ	○みんなの近くにいる「権力」をもっているといえる人は誰だろうか。なぜその人は「権力」をもっているのだろうか（個人追求→全体交流）	◇「権力」に対してすでにもっている見方・考え方を実生活の中から考えさせる ◇校長先生や父親・母親といった周りの人などを簡単に挙げさせる
調べる	問い「歴史を見るとき」を使って，織田信長と伊藤博文を例に「権力」の性質はどのように変化してきたか考えよう ○織田信長と伊藤博文の持つ「権力」の性質とは何だろうか （個人追求→対話（全体交流））	□歴史を見るとき □織田信長の写真，伊藤博文の写真 ◇全体交流の際は自身の意見がどの資料を根拠にしているかを発表させる 【知識及び技能】 ◇「権力」の歴史を考えられるように「権力の獲得，行使」に関する補助発問をする（詳しくは，47頁「第1時ワークシート例」参照） ☆背景などの事象相互のつながりに関わる視点 ☆変化など諸事象の推移に関わる視点
まとめる	○「権力」の性質は，どのように変化してきただろうか。自分の言葉でまとめてみよう ○今日の授業を振り返って「歴史を学ぶ意味」は何か考えよう	◇最後に本時の「問い」を尋ねまとめさせる （例）織田信長の生きた時代は，「権力」が武力と大きく関係していたが，伊藤博文の生きた時代は，「権力」が地位と大きく関係するようになった 【思考力，判断力，表現力等】 ◇今後，歴史学習において，いまの社会でも必要とされる歴史事象・概念を学べることを理解させる 【学びに向かう力，人間性等】

❀①学習の意味づけを図る発問：「私たちは，なぜ歴史を学ぶのだろうか」

　導入では，今後2年以上，歴史を学ぶ子どものために，「学ぶ意味」を考える発問をします。

❀②導入の発問：「近くにいる『権力』を持っている人は誰か」「なぜ『権力』を持っているか」

　ここでは，子どもがもっている「権力」像を自身で捉えさせます。そうすることで，子どもがもつ「権力」への見方・考え方を取り入れた関心の高い導入になります。

❀③主発問：「織田信長と伊藤博文を例に『権力』の性質はどのように変化してきたか考えよう」

　織田信長，伊藤博文がもつ「権力」のちがいについて資料を根拠に考えさせます。その際に「権力の獲得，行使」に関する補助発問（47頁「第1時ワークシート例」参照）をします。

❀④整理する発問：「織田信長と伊藤博文の『権力』の性質とは何か」

　「権力」の源泉となる生い立ちや権力を示した歴史事象・建造物などを用いて説明させることにより，「権力」の性質を具体的に考えさせます。

❀⑤学習の意味づけを図る発問：「今日の授業を振り返って『歴史を学ぶ意味』は何か考えよう」

　導入発問を再度問いかけ，授業を振り返ることで，歴史学習では，いまの社会に役立つ歴史事象・概念を学ぶことができ，「歴史そのものに学ぶ意味がある」ことを理解させます。

第2時　学習課題「『歴史を見るとき』を使って年表にはどのような特徴があるか考えよう」

第2時の板書

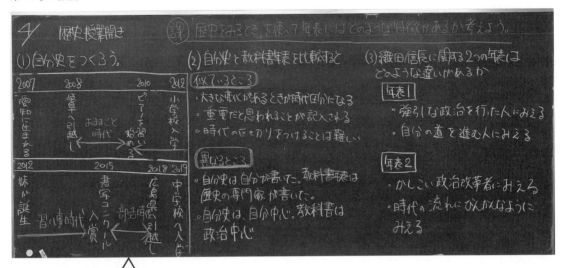

●ここが 主 対 深

　年表の作られ方について話し合う活動を振り返る中で，歴史学習では，いまの社会でも必要とされる「歴史を捉える方法」を学べることに子どもが気付きます。

○第2時の目標

・年表を作成し，比較する活動の中で，年表は，歴史的事象を時系列順に編成したものであり，その事象は作成者の基準によって選ばれていることを理解できる（知識及び技能）
・年表を比較する活動の中で，そこに書かれる歴史的事象から作成者の意図を考えることができる（思考力，判断力，表現力等）
・年表の特徴を説明する学習を振り返ることを通して，歴史学習では，いまの社会に役立つ「歴史の捉え方」を学べることに気付き，「歴史を学ぶ意味」を見出すことができる（学びに向かう力，人間性等）

	○主な問い，学習活動・内容	◇指導の手立て □資料 ☆見方・考え方【 】評価
つかむ	問い「歴史を見るとき」を使って年表にはどのような特徴があるか考えよう	□年表「歴史年表（教科書の見開き等）」 □49頁資料B「歴史を見るとき」
調べる	○自分の12年間に関する年表を作成してみよう。作成した後で，12年を区分して時代名をつけよう	☆時期，年代など時系列に関わる視点 【知識及び技能】
いかす	○作成した自分の年表と教科書の年表には，どのようなちがいがあるだろう（個人追求→対話（全体交流）） ○2つの年表を見て，年表のちがいや作成者の意図を考えてみよう（個人追求→対話（全体交流））	☆差異など諸事象の比較に関わる視点 ◇時代名・時代区分はどのようにして決まっているのかを考えさせたい □織田信長に関する2つの年表 ◇2つの年表から織田信長の政治に対して「武力政治家」「政治改革家」といった異なる読み方ができることに気付かせ，年表は作成者の重視することや歴史観によって作成されていることを理解させたい 【思考力，判断力，表現力等】
まとめる	○年表にはどのような特徴があるだろうか。自分の言葉でまとめてみよう ○今日の授業を振り返って「歴史を学ぶ意味」は何か考えよう	◇年表の作られ方について書かせたい （例）年表は，作成者の意図や重視する歴史事象によって作られており，歴史教科書の年表は，政治や文化を中心に編成されている ◇今後，歴史学習において，いまの社会でも必要とされる「歴史の捉え方」を学ぶことができることを理解させる 【学びに向かう力，人間性等】

❀①学習の意味づけを図る発問:「私たちは，なぜ歴史を学ぶのだろうか」

　導入では，1時間目と同様，「学ぶ意味」を考える発問をします。

❀②主発問:「年表にはどのような特徴があるか考えよう」

　まず子ども自身の生きてきた12年の年表を作成させます。その後，自身の作った年表と教科書の見開き年表を比較して「何が時代の区切れとなっているか」「出来事はどんなことを中心に描かれているか」を尋ねます。

❀③補助発問:「2つの年表にはどのような違いがあるか考えよう」

　織田信長に関する2つの年表を提示して，「どのような違いがあるか」を考えることを通して年表は作成者の意図によってできあがっていることに気付かせます。

❀④整理する発問:「年表にはどのような特徴があるかまとめてみよう」

　ここでは，学習したことを子どもに記述させます。支援が必要な子どもには「作成者の重視する歴史の出来事」など，キーワードを与えることでまとめやすくできます。

❀⑤学習の意味づけを図る発問:「今日の授業を振り返って『歴史を学ぶ意味』は何か考えよう」

　導入発問を再度問いかけ，歴史学習では，いまの社会において必要とされる「歴史の捉え方」に学ぶ意味があることを理解させます。

第1時ワークシート例

20XX.4.XX　歴史授業開き

本日の課題

(1) 自分の周りの「権力」をもっている人を挙げてみよう。なぜその人が「権力」をもっていると言えるのか理由も書こう。

(2) 資料から2人の人物のもつ「権力」の違いについて考えてみよう。

織田信長

どのように「権力」を獲得した？

どのように「権力」を使った？

伊藤博文

どのように「権力」を獲得した？

どのように「権力」を使った？

年	織田信長に関する出来事
1534	尾張守護代の家老の長男として誕生
1559	尾張を統一
1570	信長が仏教勢力である石山本願寺を攻撃
1571	仏教勢力として比叡山の焼き討ちを行う
1573	足利義昭を追放し室町幕府を滅ぼす
1575	長篠の戦いで武田軍を破る
1576	安土城の築城に着手する
1582	本能寺で明智光秀に背かれて死亡

資料1

年	伊藤博文に関する出来事
1841	周防国（現在の山口県）に農民の子として誕生
1857	吉田松蔭の松下村塾に入り、吉田から政治に向く性格であることを指摘される
1863	イギリスへ留学し、西洋文化に触れる
1871	岩倉使節団の一員として欧米諸国を訪問
1878	内務卿に就き、政府の中心人物へ
1885	初代内閣総理大臣になる
1889	大日本帝国憲法の発布

資料3

宣教師が見た信長　　資料2

・つねに武器を好み、粗野。正義や慈悲を行うことを楽しみ傲慢で名誉を重んじる。理解力と判断力に優れている。
・規律にはほとんど服さず、部下の意見に従うことはまれ。
・多くの人から尊敬され、他の大名をすべて軽視し、みな至上の君に対するように服従している。

資料4

伊藤が中心となって作成した大日本帝国憲法発布に仮装して喜ぶ国民たち。ただ、内容は、よく知られていなかったそうだ。
　伊藤は、ドイツの法学者から学んだことを基に、民間が作成した憲法案を却下し、自身が中心となって憲法を作成した。

本日のまとめ

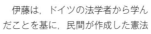

・歴史の授業では、社会に活きる歴史の出来事・概念を見つけて学んでいこう！

第2時ワークシート例

20XX.4.XX　歴史授業開き2

本日の課題

(1) 7つ以上の出来事を記入して自分史を作ろう！
自分の人生を3〜7に区切って，時代名をつけてみよう。

年	2006　　　　　　　　　　　　　　　　　　　　　　　　　　　　　　　　　　　　　2019
時代名	
出来事	

(2) 作成した自分の年表と教科書の年表を比較して，どんな似ているところや異なるところがあると思うか？　書いてみよう。

(3) 下の織田信長に関する2つの年表にはどのような違いがあると思うか？　書いてみよう。

☆織田信長に関する年表1

年	出来事
1534	尾張守護代の家老の長男として誕生
1559	尾張を統一
1560	桶狭間の戦いで今川軍に勝利
1570	信長が仏教勢力である本願寺を攻撃
1571	仏教勢力として比叡山の焼き討ちを行う
1573	足利義昭を追放し室町幕府を滅ぼす
1575	長篠の戦いで武田軍を破る
1576	安土城の築城に着手する
1577	安土城下に楽市・楽座政策をする
1582	本能寺で明智光秀に背かれて死亡

☆織田信長に関する年表2

年	出来事
1534	愛知県に生まれる
1543	ポルトガル人により鉄砲伝来
1549	ザビエルによりキリスト教伝来
1559	尾張まで勢力を拡大
1560	桶狭間の戦いで今川軍に勝利
1569	キリスト教の布教を許可する
1575	鉄砲を駆使し武田軍を破る
1576	安土城の築城に着手する
1577	安土城下の商いを自由化
1582	本能寺の変にて死亡

本日のまとめ

・歴史の授業では，「歴史を見るとき」に書いてあることができるようになろう！

★チャレンジ ●もっと 主 対 深 ● ――第2時の終わりに

学習課題　権力の性質がどう変わったかについて年表を作ろう

　各時代の「権力」を持つ人物を取り上げ，その人物がどのように権力を獲得し，行使したのか考えることを通し，「権力」の性質の変化について，年表を作ります。

○学習課題のポイント
　「歴史を見るとき」を使い，「権力」の性質について歴史的な変化を表現します。

○予想される学びの姿
　「主体的」「意欲的」に歴史を年表に表現する姿。

歴史学習は，これまで述べてきたように
①歴史事象・概念を学べる時間
②歴史の捉え方を学べる時間
です。本モデル授業は子どもがそれに気付く手助けとなります。「学ぶ意味」を見出す授業開きを行うことは，今後の歴史学習を促進させる布石となるのです。

資料B³⁾　授業開きで配布したい「歴史を見るとき」

「歴史を見るとき」-歴史の授業で意識したいこと-　授業の終わりに「どれを使ったか」振り返ろう！

議論しよう！	資料に尋ねよう！	重要なことを発見しよう！
様々な見方で歴史を見て，歴史や今の世界について議論をしよう！	自分で「問い」を見出して歴史の資料に答えを求めてみよう！また資料が適切なものかも考えよう！	現在を作っている過去の中から重要（役立つ）なことを発見しよう！
歴史に共感しよう！	時期や年代を捉えよう！	歴史の解釈（説明）を作ろう！
今のあなたの立場から共感するのではなく，当時の人の立場に立って歴史的な出来事を理解しよう！	その出来事はいつ起こったのか，どのような時代だったのかを調べてみよう！	歴史は，資料から作られた物語。歴史の解釈を作り上げたり，他者の解釈を検討してみよう！
歴史の原因と結果を考えよう！	変化を見てみよう！	比較してみよう！
その歴史はどんな原因で起こり，どんな結果になったかを考えよう！	歴史事象やもの・人・概念は，どのように展開したり変化したりしているか調べてみよう！	歴史的事象や年表・資料・立場などを比較して，似ているところや異なるところを探してみよう！

（小栗　優貴）

【註】
1)　草原氏は，学ぶ意味（学習のレリバンス）を高める授業デザインのために，4つの条件を述べている。詳しくは，草原和博（2016）「社会的レリバンスを高める地理授業をデザインする」唐木清志編『「公民的資質」とは何か　社会科の過去・現在・未来を探る』東洋館出版，pp.78-85を参照
2)　2つのポイントは，川口氏が示した「本質的概念」「方法的概念」を応用し，作成した。詳しくは，川口広美（2018）「『思考する』歴史教育をどのように実現するか？思考のプロセスを可視化する」『社会科教育』vol.715，明治図書，pp.124-125を参照
3)　本表は，National Council For History Education が示す History's Habits of Mind と指導要領を基に作成した。詳しくは，http://www.nche.net/habitsofmind を参照（2018年8月31日現在）

② A 歴史との対話

(2) 単元名：身近なものにも歴史がある!?（計8時間）

家康と家臣は，なぜ対立したのだろうか

1 単元目標

① 【知識及び技能】

　三河一向一揆の発端や内容について，文化財や諸資料の多様な情報を収集し，三河一向一揆が，地元岡崎における多重支配を崩壊させ，徳川家康一人による新しい支配体制を確立させたことを理解できるようにする。

② 【思考力，判断力，表現力等】

　三河一向一揆の発端や内容を読み解くことで寺の特権を廃止し，新しい領国支配を築き上げようとする若き徳川家康と，それを阻止し，旧来の特権を守ろうとする家臣の思いを考えることができるようにする。

③ 【学びに向かう力，人間性等】

　戦国時代に地元岡崎で起こった三河一向一揆に注目し，徳川家康や，家康と敵対した家臣に関心をもって問題を解決しようとする態度を養う。

2 めざす子ども像～こんな姿に～

　徳川家康や家臣の苦悩や葛藤を考える中で，三河一向一揆が多重支配から一元的な支配体制を確立するきっかけとなり，中世から近世へと時代が移り変わったことを実感できる子ども。

3 単元構想

(1) 単元を貫く課題の設定理由

　本単元は，三河一向一揆を扱い，徳川家康が多重支配にあった中世の世を終わらせ，近世の新しい支配体制を確立していったことを捉える授業を行います。

　教材として取り上げる三河一向一揆は，戦国大名としてまだ駆け出しの若き徳川家康と，後世まで家康を支え続けた家臣が対立した出来事であり，六ツ美北中学校学区とその周辺が舞台となりました。戦国時代，六ツ美北の学区周辺では，「不輸不入権」の特権をもつ寺が一大勢力を築いており，今川の人質から岡崎へ帰ってきた徳川家康は，一刻も早く戦国大名としてこの地における勢力基盤を固めようとしていました。そのうえで家康は，戦国大名と寺による土地や農民の二重支配の構造からの脱却を図ろうと，寺の特権を認めませんでした。そうした家康のやり方に反発する寺と，寺の特権の恩恵を受けており，寺と結びつきのあった家康の家臣が一揆を起こしたとされています。

　平和な世をつくった家康を知っている子どもたちは，家康と家臣が対立した事実を知った時，その意外性に驚くでしょう。そして「家康と家臣は，なぜ対立したのだろうか」と，単元の中心課題となる強い疑問を抱くようになります。子どもたちは調べていく中で，家康や家臣の苦悩や葛藤に触れ，当時の世相を感じ取り，中世から近世へと時代が移り変わる様子をつかんでいくでしょう。

(2) 単元内の核となる学習活動

　まず子どもたちは三河一向一揆について知る必要があります。そこで「三河武士のやかた家康館」を見学し，三河一向一揆の概要を学びます。見学を通して生まれた疑問については，歴史マンガや郷土読本，岡崎市史などをまとめた教員の自作資料で解決していきます。その中で子どもたちは「三河を平定したい」家康と「生活のために寺の特権を守りたい」家臣の思いを捉えていきます。

　そしてその思いを関わり合わせたり，立場を明確にして価値判断したりすることを通して，子どもたちは家康と家臣が互いに譲ることのできない思いを抱えていたことをつかんでいくでしょう。単元の最後には振り返りの場を設け，三河一向一揆が歴史の中でもつ意味を考えます。家康について考えた子どもは，「戦国大名になるきっかけとなった」や「三河の支配体制を変えた」などをあげるでしょう。一方，家臣について考えた子どもは，「民衆の権利を主張した」や「家康が自分の主君となった」などをあげるでしょう。

④ 本単元で働かせたい「歴史的な見方・考え方」

単元を貫く課題	課題	主に働かせたい見方・考え方	身につけることの例	
			知識・技能	思考・判断・表現
家康と家臣は，なぜ対立したのだろうか	上和田町公民館前にある石碑は一体何なのだろうか①	・つながり「家康と家臣は，どのような過程をへて対立するにいたったのだろうか」	・石碑に刻まれた言葉から家康と家臣が対立したことがわかる	・石碑に刻まれた言葉から疑問を抱くことができる
	家康と家臣は，なぜ対立したのだろうか②③④⑤	・時系列「三河一向一揆は，どのように起きたのだろうか」・推移「三河一向一揆の戦いはどのようなものだろうか」・つながり「三河一向一揆の結末はどのようなものだろうか」	・三河一向一揆の発端がわかる・三河一向一揆の戦いの様子をまとめることができる・三河一向一揆の結末やその後についてわかる	・家康と家臣が対立していた理由を考えることができる・どのように戦いが展開されたか考えることができる・どのような結末を迎え，その後どうなったか考えることができる
	家康と家臣は，どのような思いで戦ったのだろうか⑥	・つながり「家康と家臣はどのような思いを抱いていたのだろうか」	・家康と家臣の思いを理解する	・家康と家臣がどのような思いを抱いていたか考えることができる
	あなたが家臣なら，家康側と一揆側のどちらで戦うだろうか⑦	・つながり「家臣はどのような思いを抱いていたのだろうか」	・家康と家臣の思いを理解する	・自分が家臣ならどのような立場で戦ったか価値判断できる
	家臣にとって，三河一向一揆とは，どのような意味があったのだろうか⑧	・比較・関連「三河一向一揆がもたらしたものはどのようなものだろうか」	・中世から近世へと時代が移り変わったことを捉える	・家康や家臣の思いを辿りながら三河一向一揆が与えた影響について考える

5 単元のすすめ方

第1時 学習課題「上和田町公民館前にある石碑は一体何なのだろうか」

単元のはじめに、石碑の写真（資料1）を子どもに提示しました。「これは何だろうか」の問いかけに子どもは、「誰かのお墓かな？」「何かの記念碑？」とつぶやきました。石碑が学区にあることを告げると驚き、「何だろう」と興味を示しました。そこで「上和田公民館前にある石碑は一体何なのだろうか」と学習課題を板書し、自作DVDと文章資料からなぞの石碑について迫りました。

子どもは石碑に関する自作DVDと文章資料から「徳川家康と家臣が対立した」事実に気付きました（資料2）。

子どもは家康と家臣が対立した事実に強く関心を抱きました。子どものその思考に沿い、「家康と家臣は、なぜ対立したのだろうか」を単元の中心課題に設定し、次時につなげました。

資料1　上和田公民館前の石碑

資料2　DVDと資料からの気付き

- 上和田公民館前にあるということ
- 「一揆」という文字が刻まれていること
- 徳川家康と家臣が対立したこと
- 土屋長吉は徳川家康をかばって亡くなったこと
- 一揆は僧と門徒による一向一揆であったこと
- 地元上和田の城も戦場だったこと

第1時の板書

上和田町公民館前にある石碑は一体何なのだろうか

石碑に刻まれた文字（訳して提示）

永禄七年正月土呂針崎野寺僧徒挙一揆兵来攻和田城家康馳来

永禄七年正月、土呂、針崎の僧や門徒が一揆を起こして家康のいた和田城に来た。

DVDや資料からわかったこと
- 「一揆」があったこと
- 家康と家臣が対立したこと
- 上和田で戦ったこと

感想
- 上和田で一揆があったなんて驚いた
- 家康と家臣が対立したとはどういうことだろう

ここが　主　対　深

学区にある三河一向一揆について記された石碑を提示することで、徳川家康と、その家臣が対立した事実に強い疑問を抱くことができます。また、身近に歴史を感じることもでき、自ら学ぶきっかけを与えてくれます。

第2～5時　学習課題「家康と家臣は，なぜ対立したのだろうか」

第2時ではまず，子どもの追究意欲が続くように，中心課題に対して資料3のように予想を立てるよう指示しました。

次にこれらの予想の真偽を確かめる方法を子どもに問いました。子どもは「図書室の本」や「インターネットの資料」「地域の方に聞く」「地域の施設の見学」をあげました。そこで岡崎市にある「家康館」を紹介し，見学することにしました。

子どもは「家康館」の展示パネルや映像資料を読み取ったり，館内職員の方から聞き取ったりしながら中心課題について資料4のような情報を得ることができました。次時では，「家康館」で学んだことを共有するために，子どもそれぞれの情報を全体の場で発表し合ったり，情報を整理したりすることができました。

子どもの感想からは，三河一向一揆の起こりや戦いの内容についての学びを読み取ることができました。

資料3　学習課題に対する子どもの予想

- 一向宗の信者だったからではないか
- 家康の地位をうばいたかったのではないか
- 給料が安いなど，家康に不満があったのではないか
- 家康を倒し，強さを示したかったのではないか

資料4　「家康館」で学んだこと

- 家康が織田や今川の人質生活を強いられたこと
- 岡崎が織田と今川の支配の狭間にあったこと
- 家康が三河三ヶ寺の不入権を侵害し兵糧米を奪ったこと
- 一揆には僧や家臣の蜂屋，農民が加わったこと
- 家康が一揆を弾圧し，家臣を許して勢力を強めたこと

※「一揆は税を取ろうとした家康に対する庶民の不満」職員の方からの聞き取り

資料5　一揆に関する新しい疑問

起こりに関する疑問
6班　家康が一揆で戦う理由は何か
2班　三河三ヶ寺とはどこか
4班　不入権とは何か
8班　なぜ農民も戦ったのか
戦いに関する疑問
7班　土屋長吉はなぜ家康をかばったのか
3班　一揆で活躍した家臣はどうなったのか
結末に関する疑問
1班　一揆の終わり方はどうなったのか
5班　なぜ家康は部下を許したのか

第3時で情報の共有を図ると，子どもは専門的な用語の「三河三ヶ寺」や一揆の結末の出来事「なぜ家臣は許されたのか」など，新たな疑問をつぶやきはじめました。「不入権」や「なぜ農民も戦ったのか？」などの疑問もあげており，一揆のことをもっと深く知りたいという思いを感じ取ることができました。

以上の子どもの様子を踏まえ，つぶやきやノートの感想から生まれた新たな疑問を集約し，追究することで一揆をさらに詳しく捉えていくこととしました。集約された疑問は資料5の通りです。そして集約された疑問8つを資料5のようにグループで分担して解決していくこととしました。

第4時では，一揆に関する情報に詳しい，まんが『一揆いろいろ』（高野澄，さ・え・ら書房）や『岡崎市史　中世』（岡崎市），一揆に関する文献『一向一揆の基礎構造　三河一揆と松平氏』（新行紀一，吉川弘文館），『参州一向宗乱記』（中嶋次太郎，国書刊行会）などを合作した自作資料を提示することで，グループの追究活動を支援しました。

8班はかねてからの疑問であった「なぜ農民も戦ったのか」を取り上げ，「一揆に農民が参

加？～その真実は～」と課題を設定し，自作資料をグループのリーダーを中心に分担して読み上げていきました。その中で資料6「われわれの寺は不輸不入権という権利があるんだ（寺）」，「あの領地からは年貢がとれない（大名）」，資料7「この寺院の領地に逃げこめば安全なんだ（農民）」「寺院が守っているから手が出せない（大名）」という情報を発見し，寺には不輸不入権という特権が約束されており，農民が米を寺に納めるかわりに土地を寺に守ってもらっていたという事実を知ることができました。

感想では，農民の立場に立ち，寺から勝手に米を徴収した家康を批難する子どもがいました。

次時では，資料5で5，6班が追究した家康の立場や3，7班が追究した家臣の立場，1，2，4班が追究した一揆に関する専門用語などを全体の場で伝え合い，共有することで一揆を多角的に見ることとしました。

第5時では，8つのグループがそれぞれに追究した資料8の情報をボードにまとめて発表し，一揆に関して新たにわかったことを共有することができました。しかし，数名の子どもが「でも，

資料6　まんが『一揆いろいろ』の情報

・三河には上宮寺（岡崎市），本証寺（安城市），勝鬘寺（岡崎市）の真宗三大寺のほかたくさんの真宗寺院があり，次のようなやりとりがあった

寺　：われわれの寺は不輸不入という権利があるんだ。
大名：そうなんだ。あの領地には入ることができないし，年貢もとれないんだ。

資料7　まんが『一揆いろいろ』の情報

・よその領地の農民が犯罪をおかした場合，次のようなやりとりがあった

農民：この寺院の領地に逃げこめば寺院が私を守ってくれて安全なんだ。
大名：ウーム，寺院が守っているから手が出せない……。

資料8　新しい疑問を追究してわかったこと

起こりに関してわかったこと
6班　まわりには武田氏や上杉氏，織田氏がおり，兵の米（兵糧米）が必要であった
2班　上宮寺，勝鬘寺，本證寺のこと。「不輸不入権」が認められていた
4班　年貢の徴収なし，労働税なし，関係者以外入ることができない，犯罪を裁いてくれる
8班　寺にあずけた米を守るため
戦いに関してわかったこと
7班　家康が主君であるから
3班　寺の土地をもらえた。寺に対して残っていた借金を帳消ししてもらった
結末に関してわかったこと
1班　講和を結ぶ，部下は戻れば許された，僧を弾圧した，講和は破られた
5班　信仰心を捨てさせ，団結をはかった

資料9　まんが『まんが人物館　徳川家康』の情報

・今川義元の人質となっていた若き家康。久々に地元岡崎に帰ってきた時の一コマ

家康：……そうか。遠慮といえば，ここまでの道中，農民たちもずいぶんわしに遠慮していたぞ。
農民：（馬に乗って通りがかった家康に対して地面にひれ伏す。）
家臣：……それはおそらく，家臣のだれかでしょう。今川の年貢の取り立てが厳しくて……我々も田畑で働いていまして……。
農民：殿，立派になられましたなぁ。お帰りなさいませ。
家康：あの者たちはわしの家来だったのか！　わしは何も知らなかった……。

第2章　「見方・考え方」を育てる中学歴史授業モデル

なんで家臣が対立したのか，まだはっきりしない」と中心課題に対して納得のいかない様子が見られました。そこで，「家康館」職員の方の説明や，マンガ資料，『まんが人物 徳川家康』（小和田哲男，小学館）にも課題を解くヒントがあることを告げて資料9を提示しました。子どもはノートやまんが資料を食い入るように見つめ，追究しはじめました。8班の子どもは資料4の「一揆は税を取ろうとした家康に対する庶民の不満」という職員の方の説明と，資料9「ここまでの道中，農民たちもずいぶんわしに遠慮していたぞ（家康）」，「おそらく，家臣のだれかでしょう。（中略）我々も田畑で働いてまして……（家臣）」という情報から，農民と家臣が同じ地位であったことに気付いていきました。そして，農民のような身分の家康の家臣が寺の不輸不入権の庇護のもと土地を守られ米をあずけていた中，家康がその特権を無視し米をうばったという一揆の具体的な真相に辿り着くことができました。

　子どもは感想で「武士まで田んぼで働いていたのはかわいそう」や「武士ががんばってつくった米をうばう家康は悪い人」など，当時の人々の視点から意見を書くことができました。また，「わたしが寺の近くに住む武士なら一揆に参加していたと思います！」と，家臣の立場から一揆を自分の事として捉える姿がありました。そこで，一揆に関わった人々が何を思って戦っていたかを考えることとしました。

第6時　学習課題「家康と家臣は，どのような思いで戦ったのだろうか」

　第6時では，家康と家臣の戦いの一幕を描いたまんが資料に吹き出しをつけ，「家康と家臣は，どのような思いで戦ったのだろうか」を課題としてそれぞれの思いを考え，その意見を関わらせました。

　話し合いでは，資料8の6班「まわりには武田氏や上杉氏，織田氏がおり，兵の米（兵糧米）が必要であった」を根拠に家康は「まわりの国と戦うのに米が必要」や「戦うかもしれないから米を集める」「まわりを制圧するぞ!!」と考えていたのではないかと，思いを述べることができました。また，「自分の大切な家臣たちは大丈夫か」のように，家康が家臣を重宝したという既有の知識を根拠に意見する子どももうかがえました。

　一方家臣は，資料8の7班「家康が主君であるから」を根拠に「元は家康の家臣だから戦いづらい」や「つぶされちゃうのかなぁ。家康の味方のがよかったのかなぁ」「逃げちゃおう」「裏切りが家康にばれたらどうしよう」と考えていたのではと思いを述べることができました。また，資料8の8班「寺にあずけた米を守るため」や第5時で明らかになった農民のような当時の武士の状況を根拠に「寺につかえてきたのだから主君の家康様相手だけど，戦わなくてはいけない」と，強い決意をもって戦いにのぞんでいた家臣の姿を思い描く子どももいました。

　子どもは感想で，三河を平定したい家康の気概と家臣の主君に歯向かう弱腰な家臣という対照的な姿勢を捉えることができました。一方で戦国という時代や主君と相対する家臣，迎えうつ家康の姿を想起し「複雑すぎて少し頭が混乱」すると答えた子どももいました。そこで，困

り感を解消すべく，家臣の立場にしぼって探ることとしました。意見が深まることを期待して，「あなたが家臣なら家康側と一揆側のどちらで戦うだろうか」と問いかけました。なお，その際に参考として3つのポイントを整理した資料10を作って子どもたちに提示しました。

資料10　三河三ケ寺からの聞き取りから得たポイント

本證寺	今川は「不輸不入権」を守ったが，家康は守らなかった
上宮寺	当時，矢作川は水運で栄え寺を中心とした寺内町があった。だから「不輸不入権」は自分たちの誇れる権利だった
勝鬘寺	武士も農民と同じように働いていた。辛かったろうに

第7時　学習課題「あなたが家臣なら，家康側と一揆側のどちらで戦うだろうか」

　第7時では，子どもが選択した家康側と一揆側の立場に分かれ，話し合いを行いました。

　話し合いは，「不輸不入権を侵害されたから一揆を起こすことは正当防衛」という意見と，権利を侵害する家康のやり方を批難する一揆側の意見から始まりました。これは資料8の4班「年貢の徴収なし」といった不輸不入権の学びや資料10の本證寺からの聞き取り「不輸不入権を家康は守らなかった（要約）」が根拠となっています。

　それに対して家康側の子どもたちは「まわりの国，人たちが攻めてきちゃうから，それに備えるためにしょうがない」と三河を平定しようとする家康の行動はやむを得なかったことだと反論しました。このように意見したのは，前時で家康の思いや行動の意図に気付いたためだと考えることができます。さらに他の子どもも，「国を守るため」と家康の行動の意味するところを基に反論しました。

　それを受けて一揆側は「その辺の人たちは米を食べて生きていくのに必要な米がなくなったら，死んじゃう」と家康の行動で国を守ることができても個人の命を守ることはできないと反論し，「人権」や「自由」という現代的権利の必要性を訴えました。

　話し合い全体を通していままでの追究活動で得た情報を基に意見を述べることができる子どもが多くいました。話し合いは終始，家康の不輸不入権の侵害に対する是非をめぐって続きました。その是非を問い合う中で，さらに意見をしぼるために，家臣は何を一番優先して家康側と一揆側のどちらを選択するにいたったか，グループで考えることとしました。

　8班は話し合いで，「国を守るため」という意見を引き合いに，家康側は国全体の利益を考えて戦っていたのではないかと主張しました。一方で一揆側は，「生きていこうとする」ために家臣が戦ったことを再度強調し，自分の利益を守ろうとする当時の人々の姿を思い描いて意見することができました。

　感想では，平和を目指し，三河を平定しなくてはならない家康の思いもわかるけれど，家臣の権利を侵害した行為には納得できないということが書かれていました。感想には「結局家臣が負けたこの一揆に，何の意味があったのかよくわからない」とあったため，一揆を自分なりに解釈する時間を最後に設けることにしました。

第7時の板書

| あなたが家臣なら，家康側と一揆側のどちらで戦うだろうか |

家康側
・主君を裏切ることはできない
・寺が強いことは，三河統一に都合が悪い
・一揆をしずめないと周りの武田や上杉から襲撃される
・三河を制圧すれば米は増えていく

一揆側
・不輸不入権を侵害するなんて主君として恥
・不輸不入権を侵害したのであれば，攻撃しても正当防衛
・自分たちの権利や，自治を認めてほしいから。

家臣は何を一番に考えて家康側と一揆側を選択したか

家康側
・三河平定や国全体の利益を考えていた

一揆側
・いまを生きぬく個人の利益を考えていた

まとめ
三河を平定しなければいけない家康と生きぬくために戦った家臣がやむを得ず相対した

● ここが 主 対 深 ●

　家康側，一揆側の主張を話し合いで整理していくことで，それぞれの思いやおかれていた状況を多角的に捉えることができ，中心課題「家康と家臣は，なぜ対立したのだろうか」に迫ることができます。

○第7時の目標
・家康側と一揆側の立場を明確にした話し合いを通して，家康や家臣のおかれた状況から，両者が対立せざるを得なかった背景を捉えることができる（知識及び技能）
・三河一向一揆についての追究で得た情報を根拠に，家康側と一揆側の立場を明確にして意見を論じ，他者の意見を柔軟に受け入れながら価値観を広げることができる（思考力，判断力，表現力等）
・家康側と一揆側の立場を明確にした話し合いを通して，中心課題に迫ろうとすることができる（学びに向かう力，人間性等）

	○主な問い，学習活動・内容	◇指導の手立て □資料 ☆見方・考え方 【 】評価
広げる	○学習課題を知る	・学習課題を黒板に書く
	〔学習課題〕 あなたが家臣なら，家康側と一揆側のどちらで戦うだろうか	
	○家康側と一揆側で戦う理由を発言する。 【家康側】 ・忠誠を誓った主君を裏切ることはできないから ・寺が強いことは，三河を統一するのに都合が悪いから ・三河を制圧すれば米は増えていくから ・戦いで勝てば松平三蔵のように褒美がもらえるので，将来安心だから 【一揆側】 ・「不輸不入権」を侵害したのであれば，攻撃しても正当防衛だから ・今川の支配時代からの生活が変わらず，逆に苦しくなったから ・自分たちの権利や，自治を認めてほしいから	□前時までに考えた，家康側と一揆側で戦う理由を，立場と根拠を明確にして発表するよう指示する ☆家康側や一揆側の思いや背景を捉えたうえで意見を述べることのできている子どもを称賛する ☆家康側，一揆側の視点がいくつか出たところで，反対意見を認め，意見を促す ☆発表された意見に対して似た意見，つけ足し意見などを促し，多くの子どもが話し合いに加わるようにする ◇追究して得た知識を根拠として，具体的な意見を作ることができている子どもを意図的に指名する ◇家康側，一揆側の視点を分類して板書し，話し合いの内容を整理する
	○「家臣は何を一番に考えて家康側と一揆側を選択するにいたったか」をグループで考える ○ホワイトボードに，家康側，一揆側の理由を記入して発表する 【家康側】 ・家康側は三河や国全体の利益を考えて戦っていた 【一揆側】 ・一揆側は今日を生きぬこうと個人の利益を考えて戦っていた	☆机間指導し，教科書や資料集などで時代を振り返らせる ☆討論の内容や論点を踏まえ，理由を考えられているグループを称賛する ☆理由をまとめることができているグループに発表するよう指示する
まとめる	○感想をノートに記入し，発表する	◇討論やグループ活動で考えたことを感想としてノートに書くよう，指示する 【話し合いを踏まえた自分の考えをノートに書くことができたか】

第8時 学習課題「家臣にとって，三河一向一揆とは，どのような意味があったのだろうか」—

第8時では，前時の子どもの感想を基に「家臣にとって，三河一向一揆とは，どのような意味があったのだろうか」を学習課題として提示しました。

資料11のように，家康側も一揆側も，話し合いの意見を基に一揆の意味を結論づけることができました。

感想でも「一揆は強いことを証明するためのもの」「意地の張り合いだった」と，時代背景や家康，家臣の思いを捉えながら，自分なりの一揆論を形成することができたところで単元を終えました。

資料11 一揆の意味とは 主な意見

【家康側】
・三河を統一するための戦い
・国を守るために寺を含め一揆側を支配する
・家康の力を示した戦い
・天下統一のためのステップアップ

【一揆側】
・自分たちの強さを証明したかった
・苦しい生活に耐えた不満をぶつけた
・家康の動きをさぐる腹の探り合い
・犠牲者の代わりに不満を伝えた

★チャレンジ もっと 主 対 深

学習課題　なぜ徳川家康は天下統一を成し遂げることができたのだろうか

○学習課題のポイント

　子どもたちはこれまでに三河一向一揆について学習し，若かりし家康がどのように三河を平定したのか捉えてきています。その後の家康がどのように天下人にかけあがったのか学習することで，戦国の世を徳川家康というフィルターを通して捉えることができます。

○予想される学びの姿
- 徳川家康は固い絆で結ばれた家臣たちとともに天下を統一した
- 徳川家康は三河一向一揆のように，時には厳しい対応で天下を統一した
- 徳川家康は時勢を感じながら近隣の国と手を組み，天下を統一した

○活用できる教材
- 『岡崎　中学校編（改訂版）』など，郷土読本
- 「三河武士のやかた　家康館」などの施設

（新井　健祐）

【参考資料】
- 岡崎市教育委員会（2010）『岡崎 中学校編（改訂版）』
- 岩月榮治監修　子供版岡崎市史編集委員会著（2000）『ふるさとの歴史　岡崎』
- 横山茂（2000）『六ッ美西部の歴史紀行』
- 岡崎の文化財編集委員会（1977）『岡崎 史跡と文化財めぐり』
- 横山茂（2008）『一筆啓上 家康と鬼の本多作左衛門』有朋社
- 高野澄／向中野義雄画（1989）まんが日本史キーワード『一揆いろいろ』さ・え・ら書房
- 中嶋次太郎編（1981）『参州一向宗乱記 註釈』国書刊行会
- 新行紀一（1989）『一向一揆の基礎構造 三河一揆と松平氏』吉川弘文館

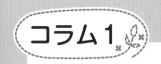

歴史テストの作り方

　過去からの情報を見つけ出し，それらを組み立てて歴史を説明する活動を筆者（土屋）は，「歴史家体験」と呼んでいます。学習として，子どもたちに歴史家体験活動にチャレンジさせる時，どうしても「評価」をどのようにするかは，とても気になります。ポートフォリオなどによる形成的評価が中心となりますが，中学校や高等学校の場合，定期試験を工夫することも課題になります。中央教育審議会の議論や平成29年版学習指導要領の解説などからは，次のような問題作りが想定されます。

[知識及び技能]
　この観点からは，時代の特色を踏まえた歴史理解や諸資料から歴史情報を収集・整理する能力を評価します。例えば，次のような問題が考えられます。
　○現代やその時代の前後の時代と比較する表を完成させる（コラム2参照）
　○文書・絵画・写真・地図・年表等から，テーマ（課題）に関わる情報を選択させる
　○時代の特色を示す情報カードと関係する資料とを組み合わさせる
　○ある歴史的出来事や歴史上の人物を説明する時に用いる適切な資料（あるいは資料中の適切な部分）を選ばせる。その際，用語や年代という単純に暗記された情報ではなく，意味がわかっているかどうか，を確かめる問題とする
　　＊例えば，「次の①～④の説明のうち戦国大名はどれですか」のような問題（③が正答）
　　①将軍への人質として，妻子を幕府所在地に住まわせた。幕府によって領地を替えられることもあった
　　②将軍から国ごとに治安を任されたが，次第に家臣に国を任せる大名も多くなった
　　③次第に国内で自身の勢力を広げ，主人の大名を追い出したりして政治や軍事の実権を握る大名となった
　　④貴族の中から，一定の任期で国ごとに派遣され，戸籍を管理したり税を都に送る仕事などにあたった

[思考力，判断力，表現力等]
　意味や意義，特色や相互の関連を多面的・多角的に考察するために，歴史に見られる課題を把握し，複数の立場や意見を踏まえて選択・判断する能力を評価します。また，趣旨が明確に

なるように内容構成を考え，自分の考えを論理的に説明する能力も評価します。例えば次のような問題が考えられます。
　○テーマ（課題）に関する複数の説明から，その相違点を説明した文の正誤を判定させる
　○複数資料を組み合わせて説明した文の正誤を判定させる
　○ある見解への予想される反論を述べた文の正誤を判定させる
　○疑問（なぜ）について異なる説明（複数の説）を読み，どちらを支持するか選択させ，予想される反論とそれへの再反論の組み合わせの正誤を判定させる
　○ある歴史的出来事の因果関係を説明した複数のカードをその因果関係に沿って並び替えさせる。あるいは因果関係の一部に適切に当てはまるカードを選択させる
　○複数の時代にわたって用いられる用語や概念の説明（その時代の社会がわかる説明文）を年代順に並べ替えさせる（大名・裁判・産業・税・貨幣など）

　例えば，前記の［知識及び技能］の問題の大名の問題を，①〜④の説明を時代順に並べ替え，その表のタイトルを答えさせるような問題です。
　あるいは，大学入学共通テストの平成29年の日本史プレテストに出されたような，江戸幕府滅亡の画期（ターニングポイント）となった出来事を年表中から選ばせ，その理由との組み合わせの正誤を問う問題などもあります。これは，高校生向けですが，中学校の参考にもなるでしょう。大学入試センターのホームページで「新テスト」というキーワードで検索できます。

[学びに向かう力，人間性等]

　主体的に調べ，わかろうとして課題を意欲的に追究する態度，社会に関わろうとする態度，多面的・多角的な考察や深い理解を通して涵養される自覚や愛情等を評価します。これは，「主体的に学習に取り組む態度」といわれたりしますが，単に発言の回数が多いとか，正しい答えをいっているかのような形式的な評価ではありません。そのための問題は，現代的社会課題から導かれる内容を基にテーマを立てさせて，そのために必要な探究方法やその計画を立てさせたり，身近な地域の歴史を自ら調べる計画を書かせるような問題になるでしょう。従来のペーパーテストでは，測れない力といえるかもしれません。
　ゆえに，日頃の授業で，この力をつけていくようにするとよいでしょう。例えば，授業に関わって調べたことをノートにメモしたり，独自の年表や地図を書いたり，資料のコピーを貼りつけ，強調するところにマークをつけているような，子ども自身が作ったオリジナルノートこそ，この力を知り，その子どもに沿ったサポートができます。自ら問いを立ててまとめていく子どもの姿こそ，「学びに向かう力，人間性等」で評価するものとして，支えたいものです。
　ところで，肝心の「歴史家体験」とはどのような活動でしょうか。それは，本書に提案され

た実践を見るとそのイメージがわくと思います。もっと知りたい方には，以下の本を薦めます。
　〇土屋武志（2011）『解釈型歴史学習のすすめ　対話を重視した社会科歴史』梓出版社
　〇土屋武志（2013）『アジア共通歴史学習の可能性　解釈型歴史学習の史的研究』梓出版社

　なお，評価すべき技能の例として，「平成29年版学習指導要領解説社会編」に下表のような技能が示されています。

参考資料　社会的事象等について調べまとめる技能の例（一部）

	技能例
情報の収集	【調査活動】（略） 【資料活用】（略） 【情報特性・手段】 ・資料の表題，出典，年代，作成者などを確認し，その信頼性を踏まえつつ情報を集める ・情報手段の特性に留意して情報を集める ・情報発信者の意図，発信過程などに留意して情報を集める
情報の読み取り	【情報全体の傾向性】（略） 【必要情報の選択】 〇事実を正確に読み取る（略） 〇有用な情報を選んで読み取る ・学習上の課題の解決につながる情報を読み取る ・諸情報の中から，目的に応じた情報を選別して読み取る 〇信頼できる情報について読み取る 【複数情報の比較】 ・時期や範囲が異なる（地域の）情報を比べたり，結び付けたりして読み取る ・同一の事象に関する異種の資料（グラフと文章など）の情報を見比べたり結び付けたりして読み取る ・同種の複数の資料（複数の地図，複数のグラフ，複数の新聞など）を見比べたり結び付けたりして読み取る 【資料特性の評価】 ・地図の主題や示された情報の種類を踏まえて読み取る ・歴史資料の作成目的，作成時期，作成者を踏まえて読み取る ・統計等の単位や比率を踏まえて読み取る
情報や考察の整理	【基礎的整理】（略） 【分類・整理】 ・項目やカテゴリーなどに整理してまとめる ・順序や因果関係などで整理して年表にまとめる ・位置や方位，範囲などで整理して白地図上にまとめる ・相互関係を整理して図（イメージマップやフローチャートなど）にまとめる ・情報機器を用いて，デジタル化した情報を統合したり，編集したりしてまとめる 【明解性】（略）

「中央教育審議会教育課程部会　社会・地理歴史・公民ワーキンググループにおける審議の取りまとめについて（平成28年8月26日）」資料7を基に筆者が一部省略したり表現を改めた。詳細は，『平成29年版中学校学習指導要領解説社会編』pp.186-187

（土屋　武志）

3　B　近世までの日本とアジア　⑴古代までの日本

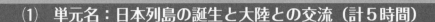

⑴　単元名：日本列島の誕生と大陸との交流（計5時間）

なぜ日本列島に「国」ができたのだろうか

1　単元目標

①【知識及び技能】
　古代の遺跡や遺物，中国の歴史書を調べ，農耕の広まりによって人々の生活が大きく変化したことを多面的・多角的に捉え，東アジアと深い関わりをもちながら，「国家」が形成されていった過程を理解できるようにする。

②【思考力，判断力，表現力等】
　隣接する時代の人々のくらしを比較し，共通点や相違点，また変化の原因を考察することで，その時代の特色を表現し，なぜ「国家」が形成されたのか「身分」「領土」「争い」などの要因から判断できるようにする。

③【学びに向かう力，人間性等】
　旧石器時代の原始的な生活が時代を経て大きく変化して「国家」が形成されたことに疑問をもち，主体的に追究することで自分の考えをもつとともに他者の意見を傾聴し，学び合うことができる。

2　めざす子ども像～こんな姿に～

　隣接する時代の人々のくらしを比較し，多面的・多角的に考察することで時代の変化とその要因に気が付き，なぜ「国家」が形成されたのか主体的に考えることができる子ども。

3 単元構想

(1) 単元を貫く課題の設定理由

本単元は，人類の誕生や世界の古代文明を学んだ後，「東アジア」に視点を移し「日本」について学んでいく，3年間の歴史学習の最初の単元です。旧石器時代，10人程度の小集団で生活していた原始的なくらしは，農耕の伝来によって大きく変化し，小さな国々が生まれ，やがて「大和政権」のような強力な国家を形成するに至りました。この移り変わりは歴史上大きな転換期であるといえます。稲作の伝来は「食料の安定」によって飢餓に苦しんでいた縄文時代の人々の課題を解決する一方，それまでになかった「争い」「支配」「身分」など，新しい価値観を生みました。そして，それらは「国家」を形成する要素となっていきます。この要素は，弥生時代や古墳時代だけではなく，これから学習していくどの時代においても，国家や社会について考察する際の本質的かつ重要な視点となるはずです。

そこで，「なぜ日本列島に『国』ができたのだろうか」という単元を貫く課題を設定し，追究していくことで，国家が形成されていくうえで重要な要素を子どもたちには学んでほしいと思います。また，「日本列島」という言葉を入れることにより，「大陸から移り住んできた人々」や「東アジア」の影響を大きく受けてきたことも学び取っていくことができると考えました。単元をすすめる中で「いつ国ができたのか」を考えることで，「国」とは何か，その条件を考えることもできます。

単元の最後にはなぜ国家が形成されたのか，また国家を形成する要素とは何か，自分の言葉で説明できるようになってほしいと思います。

(2) 単元内の核となる学習活動——「比較」する歴史学習

歴史学習の難しさは「現代に生きる私たち」が，過去の時代に生きた人々の生活や考え方を学ぶ点にあると思います。例えば，現代に生きる私たちにとっての「死」と，縄文時代の人々の「死」の感覚は全く異なるはずです。当時の人々に話を聞くこともできませんし，その当時の空気感や人々の価値観はわかりません。特に古代は残された史料が少ない分，考えるための情報も少なくなります。そこで，本単元では隣接する時代の人々のくらしの共通点や相違点を見つけて比較する見方・考え方を重視していきます。そうすることで，時代の変化や特色を捉えやすくなります。原始・古代は人々の生活がまだ複雑ではなく，また史料が少ない分，整理をしながら本質を明確に捉えやすい単元です。3年間の歴史学習の基礎となる「比較する」見方・考え方を身につけてほしいと思います。

④ 本単元で働かせたい「歴史的な見方・考え方」

単元を貫く課題	課題	主に働かせたい見方・考え方	身につけることの例	
			知識・技能	思考・判断・表現
なぜ日本列島に「国」ができたのだろうか	2万年前の日本列島では人々はどのような生活をしていたのだろう①	・つながり「日本列島が大陸と陸続きだとどんなことが起こるのだろう」	・2万年前の日本列島が陸続きであったことやその当時の人々のくらしがわかる	・「国」とは何か予想することができる ・陸続きだったことで日本列島に人や動物が移り住んだことに気付くことができる
	日本列島が誕生し、人々の生活はどのように変わっただろう②	・比較「旧石器時代と比べてどのような変化があったのだろう」	・どのように日本列島が誕生したのかわかる	・氷河期が終わり気温上昇によって人々の生活がどのように変わったのか考えることができる
	縄文時代と比べてどのような変化があったのだろう③	・比較・つながり「縄文時代と比べてどのような変化があったのだろう」「それはなぜだろう」	・農耕の広まりは食料の安定をもたらしたが、「争い」「領土」「身分」など新たな価値観を生んだということがわかる	・なぜ縄文時代と人々のくらしが変わったのか考察する ・農耕の広まりが大きく関わっていることに気付く
	なぜ古墳はつくられたのだろうか④	・推移「なぜ古墳のような大きなものをつくったのだろう」	・国家の規模が大きくなり、大和政権がうまれたことがわかる ・大陸から様々な技術が伝わったのがわかる	・弥生時代と「国」のあり方がどのように変化したのか考えることができる
	なぜ日本列島に「国」ができたのだろうか⑤	・比較・推移「それぞれの時代はどのように変化したのだろう」「国が生まれたのはなぜ、いつだろう」	・農耕の広まりで「争い」「領土」「身分」という要素が生まれたことや大陸から移り住んできた人々の影響で国家が形成されていったことがわかる	・「国」とは何か、そしてそれがどのように形成されたのか、学習してきた内容から自分なりに判断することができる

5 単元のすすめ方

第1時　学習課題「2万年前の日本列島では人々はどのような生活をしていたのだろう」

　本単元の導入では，現代の私たちの生活にいたるまでの歴史を学ぶうえで原点となる，原始的な人々の生活を知り，そこから単元を貫く課題を設定します。

　まずは，約2万年前の日本付近の地図を見せます。この地図から子どもたちは日本列島が陸続きであったことに気が付きます。そして，その当時の人々の生活を描いた旧石器時代のイラスト資料を見せ，「これは日本で一番古い時代の人々のくらしです。何か気が付くことがありますか」と発問します。子どもたちは家や集落がないこと，槍を使って狩猟をしていたことなどに気が付きます。そこで，くわしく教科書や資料集から当時の人々の生活を調べ，陸続きだったことから，人々や大型の動物が日本列島に移り住んでいたことや打製石器による大型動物の狩猟生活，草ぶきの小屋や岩かげで10人前後の集団でくらしていたことを捉えていきます。また，氷河期であったことも捉えておく必要があります。

資料1　約2万年前の日本付近の地図

資料2　旧石器時代のイラスト

（細野修一制作・仙台市教育委員会所蔵）

　調べたことをまとめたところで，「これは国といえるのか」と問いかけます。おそらく多くの子どもたちは「国とはいえない」と答えるでしょう。ここでそもそも「国」とは何か，なぜ「国」といえないのか子どもたちの考えを聞いてみます。「国民の数が少ない」「支配者や政治をする人がいない」「領土がない」など子どもたちの生活経験や小学校の学びから様々な視点で意見が出ると面白いと思います。そうして「国家の要素」をキーワードでまとめていきます。

　日本列島もなく，国とはいえない旧石器時代の状態を捉え，「なぜ日本列島に『国』ができたのだろうか」という単元を貫く学習課題を設定します。また，「国っていつ頃からできたんだろうね」と投げかけて第1時目を終えます。

第2時　学習課題「日本列島が誕生し，人々の生活はどのように変わっただろう」

　まずは，「日本列島がどのようにできたのか」を考えていきます。すると，「氷河期が終わり気温の上昇で氷が解け海面が上昇した」という事実に気付いていくでしょう。その際に考える

手がかりとして気温の変化等の資料を提示してもよいかもしれません。

次に，第1時で捉えた旧石器時代の人々のくらしと，縄文時代の人々のくらしを，イラスト資料を基に比較していきます。子どもたちは下にあるような「食」「住」に関する変化に気付きます。そこで，「なぜこのように変化したのか」と問いかけます。

すると，「氷河期の終焉」が日本列島の誕生だけでなく，人々の生活に大きな変化をもたらしたことに気付きます。本単元を通して大切にしたい見方・考え方は類似，差異，特色など諸事象や時代の比較に関わる視点です。隣接する時代を比較し，特色を見つける方法を身につけていきたいです。

第2時の終わりにも，第1時と同じく「これは国といえるのか」と問いかけます。ここでは意見が分かれるかもしれません。「集団でくらしているから国なのではないか」「定住はしていなくて領土がないから国ではない」など，国の要素として第1時にはなかった新たな価値判断が生まれます。

資料3　縄文時代の人々のくらし　　　　　資料4　子どもの意見例

【予想される子どもの意見】
・食：採集が可能になる
　　⇒木の実を煮るための土器が生まれる
　　　小型動物の狩猟
　　　魚や貝⇒貝塚ができる
・住：集団で食料が得やすい場所にとどまる
　　⇒たて穴住居

ここが 主 対 深

第1時，第2時ともに「国家の要素」を考える場面が大切です。「そもそも国とは何なのか」と疑問をもち考え続けることで，主体的な学びが生まれます。また，様々な意見が出やすい問いであるため，多面的・多角的な視点に気付き，自分の考えを深めることになります。

第3時　学習課題「縄文時代と比べてどのような変化があったのだろう」

第3時では，縄文時代と弥生時代の比較からはじめます。小学校でもこの2つの時代のイラストを使って学習しているので，スムーズに意見が出てくるはずです。ここで重要なのは，

「なぜこのように変化したのか」と問いかけた際，すべてが「稲作」につながっていることに子どもが気付くことです。そのためには，できるだけ構造的な板書を心がけることが重要だと考えます。意見を「食」「住」「道具」「その他」などのカテゴリーにあらかじめ分けて考え，それらを最後に「稲作」という言葉に矢印でつなぎます。

また，弥生時代の特色として重要な点は「争い」がはじまったことです。右の資料「首のない人骨」のようなものを使うと，イラストから考えるよりも「実際に起こった事実なのだ」という思いを抱くことができます。「なぜ争いがはじまったのか」と問いかけ，この時代に稲作をするためのよい「土地」や保管できるようになった「食糧」という新しい価値観にも目を向けさせます。

そして，本時でも「これは国といえるのか」と問いかけます。国とはいえなかった縄文時代と比べ，弥生時代は小国が成立した時代であるといえます。ここでは，「国だといえる」という意見が増えます。「王」という存在が出てきたこと，「領土」ができたこと，所属する「国民」が増えたことなども，縄文時代と比較して価値判断できる要素です。また，日本に国が存在していたことを示す客観的な資料であり，東アジアとのつながりも学ぶことができる，中国の歴史書が使えます。「邪馬台国」「女王」「国政」などの単語から，弥生時代に国が成立していったということを捉えていくことができます。しかし，中には「国ではない」という意見も出てくるかもしれません。その子の意見を大切にして議論をすすめることが多角的な視点を養うことにつながります。

資料5　弥生時代の人々のくらし

資料6　首のない人骨

（佐賀県提供）

資料7　魏志倭人伝

（前略）南に進むと邪馬台国に着く。ここは女王が都を置いているところである。（中略）倭にはもともと男の王がいたが，その後国内が乱れたので一人の女子を王とした。名を卑弥呼といい，成人しているが夫はおらず，一人の弟が国政を補佐している。

第3時の板書

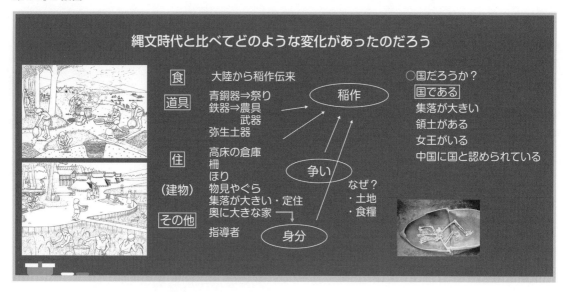

第4時　学習課題「なぜ古墳はつくられたのだろうか」

　前時の弥生時代のイラストから話を広げ，右のような古墳の写真を掲示します。本時はそこから「なぜ古墳はつくられたのだろうか」という学習課題につなげていきます。Google Earthで大仙古墳を見たり，自分の学校の大きさと比べたりして，「こんな大きな古墳をなぜつくったのだろう」という疑問をもたせることが大切です。

資料8　古墳

（© 国土画像情報〔国土交通省〕）

　教科書や資料集を使って古墳について調べていくと，「大王」や「大和政権」という大きな勢力が生まれたことが明らかになってきます。

　また，鉄刀や鉄剣などの遺物から，弥生時代と比べて支配領域が広がり，大王の力が強力であったこともわかります。

　古墳時代は中国・朝鮮半島との交流が盛んになった時代でもあります。大和政権は一つの国として積極的に外交政策を行っていたことに気付かせていきたいです。また，渡来人によって多くの技術が日本へ伝来しました。本時では特に東アジアとの関係を学ぶことが重要です。

　授業の後半に「これは国といえるのか」と問いかけます。ここでは，大和政権の大王の権力の大きさや支配領域の拡大，外交政策に関する意見を根拠として，弥生時代の小さな国々が大きくなり「国家が成立した」という認識を強めることになります。

第5時　学習課題「なぜ日本列島に『国』ができたのだろうか」

○第5時の目標

- 農耕の広がりは社会を大きく変化させ,「身分」「領土」「争い」などの新たな価値観を生み,それが国家の形成の要因となったことが理解できる（知識及び技能）
- なぜ国家が形成されていったのか,各時代を比較して学習した特色を使って考え,国家が形成された過程について具体的な言葉を使って文章にまとめることができる（思考力,判断力,表現力等）
- 旧石器時代の原始的な生活が時代を経て大きく変化して「国家」が形成されたことに疑問をもち,積極的に話し合い,自分の意見をもつことができる（学びに向かう力,人間性等）

	○主な問い,学習活動・内容	◇指導の手立て □資料 ☆見方・考え方【】評価
つかむ	○原始的な生活をしていた時代から大和政権が成立したことを確認する	□資料「旧石器時代の人々のくらし」 「縄文時代のイラスト」 「弥生時代のイラスト」 「古墳」 ◇単元の最初に設定した課題を確認する
	〔学習課題〕　なぜ日本列島に「国」ができたのだろうか	
調べる	○いままで学習してきたことを踏まえて,課題について調べる ○調べたことを基に話し合う ・大陸から人が移り住んだから ・稲作が伝わったから 　⇒支配者が出てきたから 　⇒集団で定住し,領土ができたから 　⇒争いで人や領土を拡大したから ○いつ国ができたのか価値判断する ・女王卑弥呼が出現したし,集落の規模が大きくなったから弥生時代だと思う	◇「稲作」に起因していることに気付かせるために「なぜそうなったのか」と問い返す ☆つながり「稲作と国の成立にはどのような関係があるのだろうか」 ◇自分の立場を明らかにするために黒板にネームマグネットを貼るように指示する ☆比較「どの時代に国が成立したといえるのだろうか。また,それはなぜだろうか」
まとめる	○学習課題に対する自分の考えを書く ・稲作によって身分や領土ができ,争いが起こり国が成立していったんだとわかった。やっぱり支配者や領土がないから縄文時代は国とはいえないと思う	【国がなぜできたのか時代を比較しながら考えることができたか】 ☆推移「国はどのように成立していったのだろう」

❀①導入発問　「それぞれの時代はなぜ変わっていったのかな」

　導入では時代の特色と変化をおさえるために,旧石器時代,縄文時代,弥生時代,古墳時代,それぞれの授業で使用した資料を提示します。あまり時間をかけたくないですが,特色を一言で表現すると面白いです。また,矢印には,どのように変化したのかその要因をかきます。（「氷河期の終結」「稲作」「古墳」など）

②主発問1 「なぜ日本列島に国ができたんだろう」

　旧石器時代のイラストと子どもたちが表現した一言を指し示し，日本列島すらなく原始的な状態からなぜ国ができたのか，単元の最初に設定した課題を出します。ここで課題に対して今まで本単元で学んだことを基に調べる時間を取ります。

③主発問2 「いつ国はできたのだろう」

　自分が「国が成立した」と考える時代を判断します。その時になぜそう判断したのかを明らかにすることで，国とは何か，その条件が明らかになります。この場面では「集団でくらしていたから縄文時代」と答える子どもや，「法律がないのでまだ国とはいえない」という子どもが出てくるかもしれません。この意見で，支配者や政治権力は必要ないのか，法律は必要なのかという視点が加わり，思考が深まってきます。

　最後は課題に対して，「稲作」「身分」「領土」「争い」など具体的な言葉を使って自分の考えを書くようにします。

第5時の板書

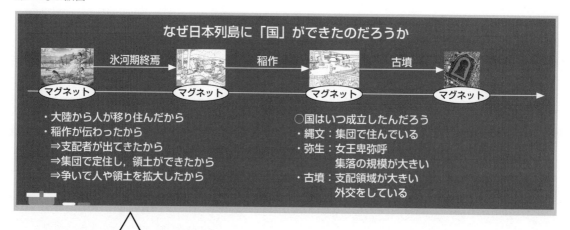

ここが 主 対 深

　いつ国が成立したかを判断し，ネームマグネットをはり，その理由を考えることで主体的な学びとなります。

　子どもたちがネームマグネットを貼るという行為で全員が価値判断に参加することができ，さらに，その選択をした理由を教師が問い，話し合っていくことで，どんな状況を国と判断するか，また国が成立したのは何があったからなのか，を子どもの考えのもとではっきりとさせていくことができるようになるでしょう。形式的な国の概念ではなく，子どもが導き出した国の様子がうかびあがってきます。

★チャレンジ もっと 主 対 深

学習課題　縄文VS弥生，どちらがよい社会だろうか

○**学習課題のポイント**

　まずは「よい社会」とは何かを考え，「食料がある」「平和」「平等」などいくつかのカテゴリーに分類し整理します。そして，時代の大きな転換期である縄文時代と弥生時代について詳しく調べ，はじめに決めたカテゴリーを基に比較し，どちらが「よい社会」か話し合います。

○**予想される学びの姿**

　縄文時代の人々は食料確保の不安定さに苦しみました。対して，弥生時代の人々は安定した食生活を手に入れましたが争いと身分の差を生みました。このような変化から「よい社会」とは何かという社会科全体を貫く学習課題を深く考えることになります。また，最後には「弥生時代に争いや身分の差が生まれても，稲作はいまも続いているけどなぜだろう」と問い返します。そうすると，稲作がなくてはならないものであったこと，そして歴史の事象は多面的・多角的に理解しなければいけないことに気が付きます。

○**活用できる教材**

・矢じりの刺さった人骨⇒弥生時代の争いがわかる資料
・縄文，弥生の人口推移・寿命・身長
　⇒食生活の変化による身体への影響がわかる資料
・人骨のレントゲン写真（右）
　⇒写真のような飢餓線が縄文時代の人骨には見られる。食生活の不安定さがわかる資料
・どんぐりクッキーにチャレンジ
　⇒縄文時代の食生活を体験してみる

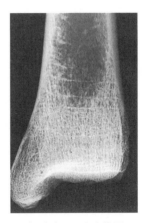

（日本人はるかな旅展
〔国立科学博物館〕
カタログより）

（倉田　舞）

⑶ 単元名：武士の台頭と鎌倉・室町幕府と東アジアとの関わり（計10時間）

武士はどのようにして権力を高めたのだろう

1 単元目標

① 【知識及び技能】
　鎌倉・室町幕府成立の過程や東アジアとの関係を書物や地図などの資料で調べることを通して，武士が権力を高めるようになった背景について理解できるようにする。

② 【思考力，判断力，表現力等】
　武士の政治への進出や展開，鎌倉・室町幕府と東アジアとの関係，庶民の生活向上などに着目して，事象を関連づけることで，中世における社会が変化する様子を多面的・多角的に考察し，表現できるようにする。

③ 【学びに向かう力，人間性等】
　中世を大観して，武士が台頭した背景や武家政権についてすすんで追究し，武士が権力を高めるようになった理由について追究しようとする態度を養う。

2 めざす子ども像～こんな姿に～

　鎌倉幕府，室町幕府成立という武士の政治進出に対し，成立までの過程やしくみ，東アジアとの関係，庶民に対する施策など，様々な面で比較したり関連づけたりすることにより，歴史的な見方・考え方を深められる子ども。

3 単元構想

(1) 単元を貫く課題の設定理由

本単元は，院政開始後の鎌倉幕府・室町幕府成立の過程と，東アジアとの関わりや庶民のくらしについて学習する単元です。

武士の台頭は，平安時代の末からはじまります。天皇家の家督争いに加わり，同じ一族にもかかわらず敵味方に分かれて争うこともありました。保元の乱の「天皇側」と「上皇側」というように，示された構図から疑問点や気になる点などを探し，予想をもったうえで調べ学習に臨みます。主体的に学んでいくことで，武士のおかれた状況や当時の様子を把握し，自ら歴史に迫ろうとする態度を養えるでしょう。

さらに，鎌倉時代，室町時代と時代を比較したり，歴史事象を関連づけたりする学びを通して，武士が台頭した背景について多面的・多角的に捉えることができます。幕府成立までの過程を探ることで，子どもは武士と天皇家との関わりについて目を向けることでしょう。そして，幕府のしくみや東アジアとの関係，庶民への施策などに注目することにより，武士の政治進出に対する子どもによる価値づけを行うことができると考えます。

(2) 自ら歴史を描き，構成し直すことにより働かせられる「歴史的な見方・考え方」

歴史的事象とその背景について，教師の一方的な説明を聞いても子どもたちの興味は深められないでしょう。まず，与えられる情報だけではなく，自ら疑問に思うことや興味をもったことについて，必要な情報を取捨選択します。そして，課題に対して子どもが予想したことを証明もしくは，修正するために歴史を描く作業を取り入れます。そうした作業を経験することで，子どもたちは「歴史的な見方・考え方」を働かせられるようになると考えます。

①子どもに疑問，違和感を感じさせる資料の提示

保元の乱における，天皇側と上皇側の勢力図を示します。そこから疑問点，気になる点を探します。「なぜ天皇と上皇が争うのか」「なぜ同じ名字の武士が争うのか」「武士は争いたかったのか」といった疑問点が出るでしょう。予想を立てたうえで調べ学習を進めたいものです。目的が明確であると，子どもが主体的に学ぶようになります。

②グループ発表により多面的・多角的に歴史を捉える見方を伸ばす

調べたことをペアや4人程度の小グループで発表します。予想の立て方，調べたことに対する気付きや評価は子どもによって異なります。小グループで交流することにより，気軽に様々な見方や考え方を伸ばす機会を作ることができます。

❹ 本単元で働かせたい「歴史的な見方・考え方」

単元を貫く課題	課題	主に働かせたい見方・考え方	身につけることの例	
			知識・技能	思考・判断・表現
武士はどのようにして権力を高めたのだろう	武士はなぜ権力を高められたのだろう①	・時系列「武士はどのような過程を経て権力を高めたのだろう」	・武士団に成長する過程や、荘園を介した存在の成長について理解する	・天皇家と源平との系図や荘園と領主との関係図から、武士が権力をもつ過程をまとめることができる
	源平はどのようにして政治に進出したのだろう②③	・つながり「天皇家と結びつきを強めた背景について探ろう」	・院政による天皇家の家督争いと武士との関係を理解できる	・資料から武士が天皇家との関係を深め、政治へ進出した要因を考えることができる
	鎌倉時代と室町時代の武士や人々のくらしを比べよう④	・比較「武士と民衆のくらしはどのように変化したのだろう」	・鎌倉時代・室町時代の武士や民衆のくらしや文化について理解する	・資料から武士と民衆とのくらしの違いや、庶民の生活が向上した理由について考えることができる
	鎌倉幕府が滅んだ背景をひも解こう⑤	・推移「元寇後、封建制度はどのように崩壊したのだろう」	・元寇など東アジアとの関係により、封建制度が崩れた過程を理解する	・ヨーロッパへ勢力を拡大した様子がわかる資料から、元寇の背景を考えることができる
	なぜ室町幕府が開かれたのだろう⑥⑦	・比較・関連「鎌倉・室町での天皇家と武士との関係を比べよう」	・鎌倉・室町幕府成立の過程やしくみを比較してそれぞれの特徴を理解する	・鎌倉・室町幕府成立の過程を整理し、天皇家と武士双方の思いや政治手法の共通点・相違点をまとめる
	鎌倉・室町幕府の東アジアとの関わりを比べよう⑧	・比較・関連「鎌倉・室町の外交を比べよう」	・東アジアの情勢と外交が密接に関わり、経済にも影響を及ぼすことを理解する	・元と明の要求への対応の違いや琉球との関わりなどから、当時の日本の様子をまとめる
	武士はどのようにして権力を高めたのだろう⑨⑩	・つながり「保元の乱と応仁の乱との共通点や相違点を探ろう」	・保元の乱と応仁の乱が武士に与えた影響を理解し、その価値を認識する	・2つの戦乱が武士と共に庶民に与えた影響をまとめ、中世を大観して課題に対する答えを見出す

5 単元のすすめ方

第1時　学習課題「武士はなぜ権力を高められたのだろう」

・武士が台頭する「前後」の比較から学習課題につなげる

　この単元の導入では，平安時代に天皇の護衛を務めていたことがわかる絵（資料1）と室町幕府で征夷大将軍を描いた絵を提示します（資料2）。

資料1　平治物語絵巻二条天皇の行幸図　　　　資料2　足利義満

　絵を見比べて，気付いた点や疑問点をあげます。「同じ武士という身分にもかかわらずなぜこのように権力を高められたのだろうか」という学習課題につなげます。

・課題解決のための見通しをもつ

　子どもたちが追究意欲を高めた後，さらに主体的な学びを引き出すために予想を立てる場面を設定します。「武士がチームを組み，まとめあげるようなリーダーが現れたのだろう」「天皇の護衛をしているうちに認められ，権力を高めたのだろう」「武力を高めたので誰もかなわなくなったのだろう」といったアイデアが出されるかもしれません。そうした予想が確かかどうかを教科書や資料集を使って調べる時間を取ります。

・見直しと価値づけの場面を作る

　調べ学習をした後に，予想があっていたかどうかを子どもたちに振り返らせます。正しいかどうかということよりも，目的をもって調べ，自分なりの結論を出すという過程が深い学びにつながります。各自の結論を整理したうえで，ペアや4人グループといった小集団で意見を交換する場を作ります。同じ資料を調べても，解釈の仕方によって結論が違うこともあるでしょう。また，予想が正しくなくて，調べ学習をしても解決に至らなかったということもあるでしょう。少人数による対話を通して，気軽に質問し合うことや，さらなる課題に気付けることにつながると考えます。最後に，自信をつけたうえで，学級全体で発表し合えば，個の学びが学級全体の学びへと高められます。

第2時　学習課題「源平はどのようにして政治に進出したのだろう」

○第2時の目標

- 書物や系図，絵など資料の読み取りを通して，武士が天皇や貴族との関係を深めることで権力を高めたことを理解することができる（知識及び技能）
- 院政と保元の乱との関わりや，平氏と平安時代の藤原氏の政治手法を比較することで，武士が権力を高められた背景について考えることができる（思考力，判断力，表現力等）
- 第1時で自身が立てた課題に対し，予想の妥当性を検証するために，資料をすすんで調べようとすることができる（学びに向かう力，人間性等）

	○主な問い，学習活動・内容	◇指導の手立て　□資料　☆見方・考え方【 】評価
つかむ	○前時に調べた「武士が権力を高められた」理由を発表する ・源氏平氏という武士団ができたんだ ・荘園を守り，頼られるようになったよ ○平治の乱の絵や情勢をまとめた表を見て学習課題を立てる	◇事象とそれを価値づけた意見を取り上げる □拡大提示機で参照にした資料を大型テレビで示し，全員が理解できるように支援する □図「平治物語絵巻」 ◇天皇行幸の護衛など，前時に示した資料と比較して，子どもたちの追究意欲を高める
	〔学習課題〕　源平はどのようにして政治に進出したのだろう	
調べる	○予想を立てたうえで，教科書や資料からその根拠となる事実を調べる ・一族の人数が増えたから力が増したのかな ○院政期の系図と保元の乱・平治の乱の情勢図を関連づけてまとめる ・同族同士で戦ったのはなぜだろうか ・相手次第で味方にも敵にもなるんだ	◇武士の特徴や平安時代の貴族の手法を想起させるなどして，予想を立てやすくする □院政期皇室系図，保元の乱・平治の乱情勢図 ☆つながり「武士はどのように分かれて戦ったのだろう」
まとめる	○予想に対して，自分の調べた事実や考え，価値づけたことをまとめる ・武士は，院政期の皇室家督争いに巻き込まれたんだね ・同族で争うなんて理解できないけれど，武士の生き方を調べると仕方ないんだ	【事象に価値づけをして，武士が政治に進出した背景を捉えることができたか】 ◇同じ資料から，様々な感想や価値づけができることを認め，歴史を描く作業を経験したことに達成感を感じられるようにする

①導入発問「なぜ武士は権力を高めることができたのかな」

導入では，第1時に子どもたちが調べたことを振り返るところからはじめます。武士団を形成したことや荘園との結びつきがあげられるでしょう。そこで，「これだけで権力を高めたことになるのか」という切り返し発問をするタイミングです。「権力を高めるとはどんな状態であるのか」と子どもたちに投げかけます。

②予想発問「武士が権力を高めたとは，具体的にいうとどうなることかな」

小学校での既習事項から，「将軍になる」や「幕府を開く」という意見が出されるでしょう。そこで，「どうやって将軍になったり幕府を開いたりできる？」という疑問を引き出します。

③主発問：「源平はどのようにして政治へ進出したのだろう」

主発問の前に、平治の乱の絵を示します（資料4　保元の乱・平治の乱の情勢図〔平治の乱絵巻〕／略）。子どもに気付いたことを聞くと、「武士が大勢いる」や「着物を着た女性がいるからどこかの屋敷だろう」と答えが出てくるでしょう。教師が絵の補足として、「源氏平氏の戦いであること」「身分が高い家の争いに関係していること」を説明します。そして、主発問を子どもたちに投げかけます。

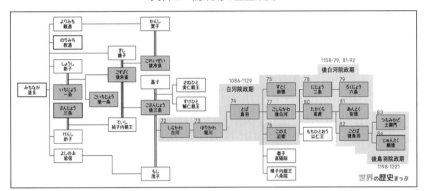

資料3　院政期の皇室系図

資料3から子どもが見出す価値
・院政のしくみが家督争いを起こした
・武士は皇室の家督争いに巻き込まれた
・平氏が武士のトップとなった

ここが　主　対　深

資料3、4から子どもたちが「武士が権力を高めた理由を考えるため」に、自分の意志で互いに関わり合って追究する姿が「主体的な学び」への第一歩です。

④整理する発問：「武士が権力を高めた背景を説明してみよう」

本時の整理として、武士が権力を高めた原因をあげさせます。「院政」「家督（後継）争い」「保元の乱」「平治の乱」といった言葉が出されるでしょう。それらの言葉を用いて、武士にどのような影響を与えたかをまとめる場とします。さらに、平氏がより政治進出を目指した手法を、平安時代の藤原氏の手法と比較する場を設定すると、時代を超えた歴史的な見方・考え方を養うことにもつながります。

⑤次時への発問：「なぜ平氏は衰退し、源氏が鎌倉幕府を開いたのだろう」

平治の乱を経て、全国の武士団を掌握するなどして権力を高めた平氏がなぜ衰退してしまうのでしょうか。また、瀕死の状態であった源氏がなぜ息を吹き返し、逆に平氏を滅亡に追いやって幕府を開くまでに権力を高められたのでしょうか。事実として子どもたちは知っていても、背景や過程については、はっきりと理解はしていないでしょう。次時に関心をもって臨むためにこの投げかけをします。中には事前に調べ学習をしてくる子が出てくるかもしれません。

第2時の板書

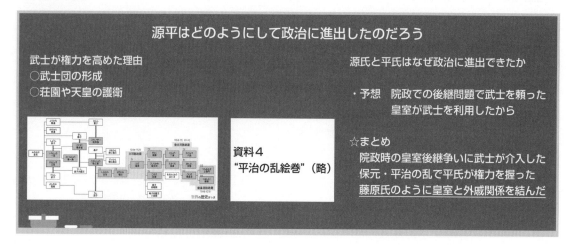

第3時　学習課題「源平はどのようにして政治に進出したのだろう」
〜なぜ源氏は鎌倉幕府を開くことができたのだろう〜

　前時の終わりに子どもたちに投げかけたように,「平氏の衰退」と「源氏の台頭」について調べをすすめます。平清盛もまた,藤原氏のように一族にばかり高い地位を占めさせるなど,周りの不満が高まったことに気付きます。歴史的な見方・考え方を養う大切な場となります。さらに,源頼朝・義経兄弟の活躍で西国へ勢力を伸ばす様子を,日本地図を用いて確認します。平氏の手法と源氏の手法を整理することで,最終的には源氏が幕府を開いた要因について理解できるでしょう。そして,頼朝の義経への接し方を見ていくことで,源氏と平氏との皇室との関係の築き方の違いにも目が向けられるでしょう。平安時代との比較,源氏と平氏との比較から変化を考察する歴史的な見方・考え方を養うチャンスを逃さないようにしたいものです。

第4時　学習課題「鎌倉時代と室町時代の武士や人々のくらしを比べよう」

　平成29年版学習指導要領解説社会編には,「(イ)　中世の日本を大観して,時代の特色を多面的・多角的に考察し,表現すること」と書かれています。鎌倉時代と室町時代との共通点や相違点に着目して学習をすすめます。例えば民衆のくらしに目を向けると,鎌倉時代では,市が開かれるようになったこと,土地紛争を巡った下地中分といった項目があげられます。室町時代では,惣が形成され,一揆の発生につながったことに注目します。子どもたちから「なぜ」そうした変化が生まれたのかという疑問が出れば,主体的な学びへつながります。産業の面,東アジアとの交流の面,文芸・絵画の面といったように「項目」を示して比較すると,中世を大観して時代の特色を多面的・多角的に捉えることにつながります。

第5時 学習課題「鎌倉幕府が滅んだ背景をひも解こう」

本時は，東アジアの動きに関連した元寇と鎌倉幕府滅亡について整理していきます。元がユーラシア大陸で勢力を拡大していく様子を表した地図を示します。視点を元に移すことによって，なぜ元寇が起きたのかという背景に目が向けられます。そして，元寇後の鎌倉幕府の対応に注目することで，武家社会のしくみ（分割相続），経済の混乱などを経て，幕府への不信が高まったことに気付くでしょう。元寇への幕府の対応が，幕府滅亡へつながったことをまとめられるでしょう。

資料5　元の勢力拡大を表す地図

第6・7時 学習課題「なぜ室町幕府が開かれたのだろう」

導入では，元寇でできた歪みによって，鎌倉幕府や武士のしくみでは対応できなくなった点に対し，不満が高まったことを振り返ります。さらに，南北朝の争乱の要因である皇室の後継争いも相まり，幕府打倒の動きが高まったことを確認します。鎌倉幕府と室町幕府の成立過程を比較・関連させていくことで，それぞれの特色について捉え，理解することができます。さらに，鎌倉幕府と室町幕府のしくみについても共通点や相違点を探ることで，それぞれの特色に注目できることでしょう。自身の手で歴史を整理する，すなわち描くことによって価値判断をする力をつけることになります。

第8時 学習課題「鎌倉・室町幕府の東アジアとの関わりを比べよう」

導入に日明貿易で用いた勘合を示します。「何に使われたか」「なぜ工夫されているか」を子どもに投げかけます。その後，鎌倉時代と室町時代の東アジアとの関わり方の違いを探ります。元から朝貢と服属を求められ拒否した鎌倉幕府と受け入れた室町幕府の比較を行います。

そして，室町時代の商業で学習した，明銭が流通することにより経済が活発になったことについて注目します。さらに，琉球王国が国際的な役割を果たしたことにも触れ，明，日本，アジアをつなぐ中継貿易を担ったことや，独自の文化がいまもなお受け継がれていることに注目し，東アジアとの関係が幕府へ大きな影響を及ぼしているという価値に気付かせます。

資料6　勘合の写真

第9・10時　学習課題「武士はどのようにして権力を高めたのだろう」

単元の終末に再度この課題を子どもたちに投げかけます。平安末期，鎌倉，室町と中世を大観することにより，子どもたちの武士に対する見方・考え方は養われています。キーワードを引き出し，項目ごとに事実とその価値や評価をまとめる場を設定します。子どもが発表するキーワードは板書計画の4つが考えられます。

ここが 主 対 深

話し合いの項目を子どもから引き出すことが主体的な学びへ，子どもが事実に対して見出した価値や評価を伝え合う場が対話的な学びへ，そして，学級の子が考えたことを聞き，さらに自分の考えたことを見直すことが深い学びへつながります。

第9・10時の板書

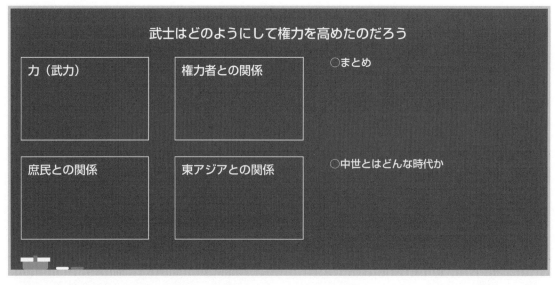

項目ごとに事実と，それに対する価値や評価をつけた意見を伝え合った後に，関係がある項目同士を結びつけてまとめを書く場を設定します。ばらばらだと思っていたことも関連していることに気付く目を養うチャンスです。最後に，「中世とはどんな時代なのか」を書いて単元の締めくくりとします。まとめから平成29年版学習指導要領解説社会編にもある「大観して，時代の特色を多面的・多角的に考察し，表現すること」により，歴史的な見方・考え方を，単元を通して養えたかどうかを教師が確認することで自身の授業に対して評価することができます。

★チャレンジ ●もっと 主 対 深●

学習課題 なぜ頼朝は義経を許さなかったのだろう

○学習課題のポイント
　「なぜ」と問いかけることにより，頼朝が許さなかったという行為の背景を探ろうとする子どもたちの主体的な学びを保障します。頭脳派の頼朝と実戦派の義経の対比は，子どもたちにとっても興味を抱きやすい対象です。

○予想される学びの姿
　頼朝が自身の地位を守るために義経を討つ命令を出したことはよく知られています。しかし，本当にそれだけなのかという「批判的に物事を見る目」や「中世を大観する目」を大切にすることも重要だと考えます。義経と後白河法皇が密接に結びついていた点，義経の身分が急速に高まった点，後白河法皇が頼朝追討の宣旨を出した点などがあげられます。大観する視点で，平氏が皇室と近付き，周りの武士が不満を高めたことが想起されます。功績ある義経を討つには，義経をどうしても討たなければならない理由があるだろうという子どもたちの「歴史を批判的に捉える見方」を引き出します。頼朝にも切実な理由があったのではという予想を基に資料を読み取り，子どもたちが主体的に学ぶ姿が見られるでしょう。

○活用できる教材
　・「吾妻鏡」（鎌倉幕府の正当性を明らかにするための資料であるという背景を考慮），「愚管抄」，「平家物語」，「玉葉」など

（實松　勇太）

3　B　近世までの日本とアジア　(3)近世の日本

(3)　単元名：江戸幕府の成立と鎖国（計5時間）

なぜ江戸幕府は260年余りも続く平和な世の中を作ることができたのだろうか

1　単元目標

①【知識及び技能】

　江戸幕府成立の過程と国内外における統治政策の内容と意義に着目し，関連する地図や年表，資料などを用いて調べることを通して，江戸幕府と藩による全国支配の体制が確立したことを理解できるようにする。

②【思考力，判断力，表現力等】

　幕府の国内における統治政策と，対外政策に着目し，相互に関係づけながら多面的・多角的に考察することを通して，年表や図などに表現し，幕府の政策について価値判断をすることができるようにする。

③【学びに向かう力，人間性等】

　江戸幕府の成立から幕府の統治政策の内容についての学習課題を，主体的な追究活動によって解決しようとする態度を養う。

2　めざす子ども像～こんな姿に～

　江戸幕府が成立したことで，戦乱の時代が終わりを告げたとともに，平和の維持のために，国内外に向けた多様な政策を将軍が行い，260年余り続く強固な支配体制を確立したことを多面的・多角的に説明できる子ども。

3 単元構想

(1) 単元を貫く課題の設定理由

　本単元は，豊臣秀吉の死後の江戸幕府の成立過程と，江戸幕府がどのような政策を行い，支配体制を整えていったのかを学習する単元です。

　一つ前の単元では戦乱の世が続き，下剋上によって戦国大名が力をもつようになったこと，織田信長や豊臣秀吉によって全国統一が成し遂げられていくこと，その中で，豪華で力強い文化が育まれたことなどを学んでいます。統治体制も，人々の生活も不安定だった時代です。その時代から，260年余り続く江戸時代という平和な時代へと変化をしていきます。この礎を作った時代であり，前時代と比較・関連づけて変化した理由を考えることにより，当時の様子に思いをはせることができます。

　単元を構成する要素としては，「江戸幕府の成立過程」「幕藩体制の確立」「他の勢力の統制」「人々の支配体制」「鎖国」があげられます。これらの要素のどれもが，「強固な江戸幕府の支配体制の確立」へとつながっていきます。そこで，単元を貫く課題を「江戸幕府はなぜ260年余りも続く平和な世の中を作ることができたのだろうか」と設定し，その礎を築いたことについて，歴史的な見方・考え方を働かせることで多面的・多角的に捉えることができればと考えました。

(2) 課題解決学習の核は「鎖国」に対する「認識のずれ」への気付きである

　小学校社会科においても，三代将軍家光が完成させた「鎖国」については学習しています。しかし，子どもに既有の知識を問うと，「江戸幕府が外国との交流をやめた」と答える者が多く存在します。鎖という文字から，そのイメージを強く認識していると考えられます。この「認識のずれ」に気付くような資料を授業の導入部分で用いることで，「鎖国は行われていたのか」という課題を生み出し，その解決を図る追究活動を通して，鎖国の実態は国を閉じていたのではなく，「対外交流地域の制限や幕府による貿易の利益独占など」であったことに子どもの力で迫っていけるのではないかと考えました。

　この認識のずれに気付かせるために導入で用いる資料は「朱印船」です。鎖国にもかかわらず，貿易船が活躍したことに気付いた子どもは，「本当に鎖国は行われていたのだろうか」という疑問をもつでしょう。この疑問を資料追究と話し合い活動を活用して解決していくことで，「家康は貿易を奨励していた」「家光の頃に鎖国が完成した」「鎖国とはいったい何なのか」と，事実を一つ一つ丁寧に見つめ，鎖国に対する多面的・多角的な捉えができるようになることをねらいます。

④ 本単元で働かせたい「歴史的な見方・考え方」

表のように単元計画を立てました。主に働かせたい見方・考え方にあげられている問いの形は，課題を解決するためのツールとして用いる課題の代表的なものです。

単元を貫く課題	課題	主に働かせたい見方・考え方	身につけることの例	
			知識・技能	思考・判断・表現
なぜ江戸幕府は260年余りも続く平和な世の中を作ることができたのだろうか	なぜ徳川家康は江戸幕府を開くことができたのだろうか①	・時系列「徳川家康はどのような過程を経て江戸幕府の基礎を固めていったのだろうか」	・江戸幕府成立期に行った国内統治政策がわかる	・幕府の成立過程を年表に表現することができる ・江戸幕府の統治政策の内容からその理由を考えることができる
	なぜ江戸幕府は人々の身分を分けたのだろうか②	・比較「様々な身分の人々を支配するために作ったしくみにはどんな特徴があるのだろうか」	・身分ごとの人々の支配のしくみがわかる	・資料を通して身分ごとの支配制度の違いとその理由を考えることができる
	江戸幕府は本当に「国を閉ざす」鎖国をしていたのだろうか(1)③	・推移「朱印船貿易から鎖国へとどのように変わっていったのだろうか」	・鎖国政策とは何かわかる	・朱印船貿易から鎖国への変化の様子を資料から考えることができる
	江戸幕府は本当に「国を閉ざす」鎖国をしていたのだろうか(2)④	・つながり「鎖国下において日本と世界はどのようにつながっていたのだろうか」	・鎖国下における対外関係を地図上にまとめることができる	・中国，オランダ，朝鮮，琉球王国，アイヌ民族などとその窓口となった地域とのつながりの特徴を考えることができる
	なぜ江戸幕府は260年余りも続く平和な世の中を作ることができたのだろうか⑤	・比較・関連「いままで調べてきた江戸幕府の政策は260年余り続く平和に貢献したのだろうか」	・江戸幕府成立時の政策を多面的・多角的に捉える	・江戸幕府の政策が平和維持に貢献したか価値判断できる

5 単元のすすめ方

第1時 単元を貫く課題「なぜ江戸幕府は260年余りも続く平和な世の中を作ることができたのだろうか」の設定

・導入は2人の人物画から

　この単元の導入は，豊臣秀吉と徳川家康の人物画を提示するところからはじまります。秀吉から家康に政権がどのように移行したのかに着目し，「なぜ徳川家康は江戸幕府を開くことができたのだろうか」という問いを立て，推移の見方・考え方を働かせた年表作りを行います。資料集や教科書から，2人の人物の間で起きた出来事を調べていく中で，関ヶ原の戦いに気付き，政権が移行していったことに気付くでしょう。

・単元を貫く課題を設定し，解決の視点を定める

　この年表に，教師が意図的に大政奉還をした「1867年」を書き加え，意見交換をします。子どもは，10年程度で滅びた豊臣政権と比較し，260年以上も続く江戸幕府に驚きを感じ，その理由を考えはじめるでしょう。これにより，単元を貫く課題「なぜ江戸幕府は260年余りも続く平和な世の中を作ることができたのだろうか」の設定ができます。

> **ここが 主 対 深**
>
> 小学校からの学びに基づく予想を立て，話し合う中で追究の視点を作るとよいです。自分の予想は正しかったのか調べたいという主体的な学びにつながります。

　この時に，予想の話し合いを取り入れます。小学校での学習を思い出しながら，「大名」「朝廷」「人々」「外国（対外関係）」に対する政策という4つの要素に着目し，この視点を解決していくことで，単元を貫く課題に迫る授業展開にしていくことができます。

・一つ目の課題解決学習「大名や朝廷の勢力をどうやって支配したのだろうか」

　先ほど焦点化した4つの項目のうち，「大名」と「朝廷」に着目し，本時内で調べていきます。扱う資料は，大名については「武家諸法度と参勤交代」「大名の配置」「幕藩体制」，朝廷については「禁中並びに公家諸法度」，2つに共通する「江戸幕府のしくみ図」です。これらの資料に対して，「なぜこのようなきまり（しくみ）を作ったのか」「きまり（しくみ）にはどのような役割があったのだろうか」などの見方・考え方を働かせることで，大名や朝廷に対して江戸幕府が行った支配のしくみ作りを多面的・多角的に捉えることができ，その価値判断をすることができるようになります。

第1時の板書

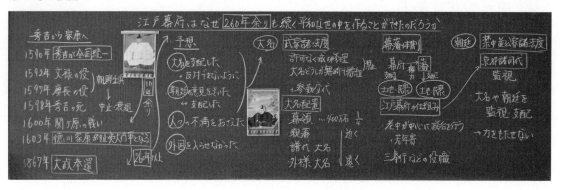

第2時　学習課題「なぜ江戸幕府は人々の身分を分けたのだろうか」

　単元を貫く課題の視点の三つ目「人々」について，支配のしくみがどのようになっていたのかに迫ることが本時の目標です。そこで，学習課題を「なぜ江戸幕府は人々の身分を分けたのだろうか」とし，追究活動に取り組むこととします。本時で着目したい点は「人口の大部分を占める百姓」と「差別された人々」についてです。この人々に対する支配のしくみについて，百姓の生活心得や，皮革産業への従事者の様子を資料から読み取っていきます。この活動を丁寧に行うことで，特権を与えられた武士身分に対し，百姓や被差別身分の人々の生活が厳しい状況におかれたものであったことに気付くことができます。そして，単元の終末部分での話し合い活動において，人々の生活がよりよくなったのかについて意見を述べる際の根拠として用いることができるようになり，「為政者」としての江戸幕府と，「被支配者」としての人々を比較する見方・考え方を働かせることができるようになります。

資料1　身分制度グラフ

- 公家，神官・僧侶，その他　約1.5%
- えた・ひにん身分　約1.5%
- 町人　約5%
- 武士　約7%
- 百姓　約85%　人口およそ3,200万人

資料2　皮革産業に従事

資料3　生活心得

百姓の生活心得（部分要約）
一　朝は早く起きて草を刈り，昼は田畑の耕作をし，晩には縄をない，俵を編み，それぞれの仕事に気をぬくことなく励むこと
一　酒や茶を買って飲まないようにせよ
一　百姓は雑穀を食べ，米を多く食いつぶさぬようにせよ
一　百姓の衣類は，あさと木綿に限る

第3・4時　学習課題「江戸幕府は本当に『国を閉ざす』鎖国をしていたのだろうか」

○第3・4時の目標

- 年表や，キリスト教に関する資料に着目し，鎖国とは，国を閉ざしていたのではなく，キリスト教を禁止し，貿易を出島内に統制し，外交を幕府が独占することなのだということを理解することができる（知識及び技能）
- 鎖国に関連する年表作りを通して，キリスト教と貿易の関係を考え，鎖国とはどのような体制なのかを考えることができる（思考力，判断力，表現力等）
- 国を閉ざしていたという鎖国の考え方に疑問を抱き，鎖国の本当の意味を積極的に調べようとすることができる（学びに向かう力，人間性等）

	○主な問い，学習活動・内容	◇指導の手立て □資料 ☆見方・考え方【 】評価
つかむ	○小学校の頃に学習した「鎖国」を思い出し，発表する ・外国との交流を絶っていたよ ・鎖国は家光の頃だったかな ○朱印船の写真を見て，感想を交流する ・貿易のための船と書いてあるよ ・外国との交流があったのかな ○学習課題を把握する	◇自由な意見交換の時間を保障する ◇鎖国に関する認識が不十分であることに気付かせるように声掛けする □写真「朱印船」 ◇疑問を拾い上げながら，課題設定を行う ◇外国との交流に関する予想を「貿易」と「キリスト教」に焦点化する
	〔学習課題〕　江戸幕府は本当に「国を閉ざす」鎖国をしていたのだろうか	
調べる	○年表づくりから，家康・秀忠・家光の行った政策を調べる ・外国は日本に来ることがすべて禁止されたのではないんだね ○抵抗する一揆軍の図を見て，一揆がなぜ起きたのかに関心を抱いたうえで追究活動を行う ・外国によるキリスト教布教を禁止したのは，幕府が一揆を恐れたからなんだな	□「貿易統制」と「禁教」に関する年表（略） ☆推移「鎖国はどのように形作られていったのだろうか」 □図「抵抗する一揆軍」（略） ☆つながり「鎖国と一揆はどんな関係があるのだろうか」
まとめる	○追究成果を基に，学習課題に対する自分の考えを記入する ・鎖国は外国との交流を絶っていたわけではないんだね。じゃあ，外国とはどんな交流をしていたのか調べてみたいな	【鎖国が国を閉ざしていたのではないことを多面的・多角的に考えることができたか】 ☆つながり「鎖国はなぜ行われたのだろうか」

🏵①導入発問：「鎖国って，何だったかな」

　導入では鎖国について取り上げます。小学校で鎖国については学習をしています（愛知県では，小中学校間の異動が頻繁に行われており，私も小学校の経験があります）。ここで押さえておきたいのは「記憶の曖昧さ」です。鎖国が国を閉ざしていたこと，江戸時代の最初から行われていたことなど，曖昧な記憶に基づく発言を引き出します。正確な歴史認識をもつ子どももももちろんいるため，ここでは全ての発言を受け止め，その発言間の歴史認識のずれを課題づくりに生かします。

🏵②課題設定発問：「この船は何のための船だろう」

資料4　朱印船

　次に，写真資料「朱印船」を提示し，船の目的を話し合います。すると，「漁船」「渡し船」などの意見も出されますが，それまでの貿易船の資料にあった船と似ていることに気付き，「貿易のための船」と答えます。「疑問に思うことはありますか」と教師が問うと，導入で確認した鎖国の内容との矛盾に気付きます。これにより，「江戸幕府は本当に『国を閉ざす』鎖国をしていたのだろうか」という問いが生まれます。

🏵③追究の補助発問1：「いつから鎖国は行われるようになったのだろう」

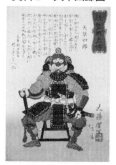

資料5　天草四郎図

　課題が生まれ，解決のための活動としてまず，歴史認識のずれの大きな一つである事象の発生順を確認する必要があります。そこで，解決のための年表づくりへと移っていきます。教科書の本文で調べながら，「朱印船貿易」「キリスト教黙認」「キリスト教禁止令」「朱印船貿易の停止」「ポルトガル船の入港禁止」を年表にまとめる中で，推移の見方・考え方を働かせ，鎖国が徐々に形作られていったことに迫ることができます。

🏵④追究の補助発問2：「この政策に反対する人はいなかったのかな」

　この発問と共に，資料「抵抗する一揆軍」と「天草四郎図」を提示します。教科書にあるこれらの資料から，子どもは「キリスト教禁止令で迫害を受けた人たちがいた」ということに気付き，鎖国が誰にでも受け入れられた政策ではなかったことに迫ることができます。また，一揆を防ぐため＝キリスト教徒ではないことを確認するための政策として「宗門改」「絵踏」を行っていたことに気付き，鎖国政策と関連させる見方・考え方を働かせることができます。

🏵⑤整理する発問：「江戸幕府は本当に『国を閉ざす』鎖国をしていたのだろうか」

　本時の整理として，もう一度この発問を投げかけます。いままでの追究活動を振り返り，「貿易は禁止」「スペインやポルトガルは入国禁止」「キリスト教禁教」などから閉ざしていたという見方と，「幕府は出島で貿易」「中国とオランダは入国できた」という点から国を閉ざしていたわけではないという多面的・多角的な見方ができます。

> **ここが 主 対 深**
>
> 発問「江戸幕府は本当に『国を閉ざす』鎖国をしていたのだろうか」を投げかけることで，子どもが資料だけでなく，教科書の本文までも「資料」として活用し，追究活動に取り組むことができます。さらに成果を基に対話をすることで，多面的・多角的な価値判断を行うことができるようになり，深い学びにつながります。

⑥次時へつなげる発問「鎖国下で他の国や地域とはどんな関係を築いていたのだろう」

本時の最後にはその後の対外関係がどのように行われていたのか具体的に意識させる発問をします。子どもからは「鎖国では積極的な交流が行われていないのではないか」や，「外国から情報を得る必要があった」などの意見が出されます。「江戸幕府は本当に『国を閉ざす』鎖国をしていたのだろうか」という学習課題を継続しつつ，引き続き対外関係を調べていこうという思いを抱いた段階で本時を閉じると，その後の「開国」につながる学びの伏線になります。

第3時の板書（実際の実践時を想定し，書きなおしたもの）

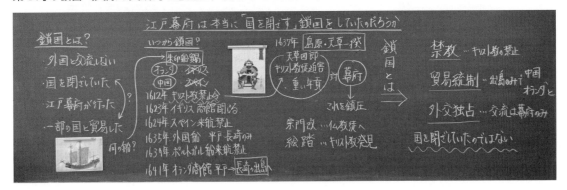

○**第4時**

第3時の終わりに出された「対外関係」に着目し，教科書や資料集を通して調べていく活動に取り組みます。日本地図を用意し，「中国・オランダと長崎で」「朝鮮と対馬藩で」「琉球王国と薩摩藩で」「アイヌ民族と松前藩で」「アイヌと北方で」それぞれ行われていた交流・交易などの活動を地図に落とし込みながら考察・表現していくことができます。

第5時　学習課題「なぜ江戸幕府は260年余りも続く平和な世の中を作ることができたのだろうか」

本単元の最後には，いままでの学びを踏まえ，単元を貫く課題である「なぜ江戸幕府は260年余りも続く平和な世の中を作ることができたのだろうか」について，話し合いを行います。

この話し合いは，資料をあげながら，「江戸幕府が支配体制を確立していくためにとった政策」を価値認識する活動とします。

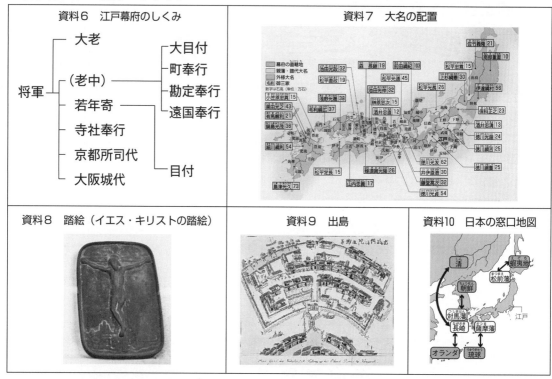

　上の資料を用いながら，子どもたちはこれらの政策について，江戸幕府の支配を安定化させるうえでの利点と問題点を明らかにしていきます。この話し合い活動により，支配体制を多面的・多角的に捉え，260年余りも続く平和な世の中を作ることができた理由をそれぞれの子どもが考えることができるようになります。

　この活動をさらに高めるために，発問したい第2課題が「江戸幕府の政策は人々に受け入れられたのだろうか」です。受け入れられた＝人々の生活を平和で豊かなものにしたという定義でもう一度話し合うことで，為政者としての価値判断だけでなく，「平和」「人権」「信教」「生活」といった社会科の視点から，被支配者という，異なる立場からの価値判断をすることができるようになります。これにより，この後の時代の変化も同様の見方・考え方を働かせて学ぶことができるようになります。

★チャレンジ ●もっと 主 対 深 ●

学習課題　江戸幕府の政策は人々に受け入れられたのだろうか

○学習課題のポイント
　第5時に発問した第二課題「江戸幕府の政策は人々に受け入れられたのだろうか」を活用して，主体的・対話的で深い学び（課題設定→追究活動→価値判断）をもう1サイクル実現することができます。

○予想される学びの姿
　この課題で培うことのできる力は「主権者意識」です。「人々に受け入れられたのだろうか」の「人々」を，「大名」「武士」「貴族（朝廷）」「農民」「えた・ひにん」などとし，それぞれ誰に受け入れられ，誰に受け入れられなかったのかを資料から追究していくことで，受け入れられたのは利益があった者であり，受け入れられなかったのは苦労を強いられた者であることに気付きます。さらには，戦乱の世の中と平和な江戸を比較し，苦労を強いられた一方で生活の向上があった部分にも気付き，その中での葛藤に気付いていくことができると考えました。この学習課題に対する対話を通して，「主権は誰にあったのか」という点にも気付き，主権者の行動が社会を形作ることを子どもが考察できます。

○活用できる教材
　いままでの資料の中では，特に「身分制度」に関する資料が現代の主権者意識を育てるのに役立ちます。また，地域に残る資料も活用したいものです。例えば，岡崎市は徳川家康生誕の地であるため，多くの資料が現存し活用することができます。一例として右の「血洗池」の石碑は，  この地で多くの戦いがあった跡を伝えており，戦乱の世が大きく変化していったことに気付くことができます。また，地域の歴史で学習した一向一揆に関する資料も活用することで，歴史を身近に感じつつ，主権者意識を育てることができるでしょう。

（森田　淳一）

3　B 近世までの日本とアジア　(3)近世の日本

(4)　単元名：幕府政治の行きづまりと明治維新（計17時間）

時代の変化を捉え，つながりを感じる歴史学習

1 単元目標

① 【知識及び技能】
　江戸幕府の政治の行き詰まりと新政府が行った明治維新の改革に関する資料を調べることを通して，倒幕の要因と明治政府が目指した国家について江戸幕府との違いを理解できるようにする。

② 【思考力，判断力，表現力等】
　江戸幕府と明治政府の改革を，国内の情勢や欧米諸国の動きと関連づけながら，比較したりつながりを見出したりして多面的に考察することを通して，時代が変化していった要因に対する自らの意見をまとめ，それを伝え合うことでさらに深めることができるようにする。

③ 【学びに向かう力，人間性等】
　新しい時代を作り上げることに携わった人々への関心を高め，意欲的に課題を解決しようとする態度を養う。

2 めざす子ども像～こんな姿に～

　260年余り続いた江戸時代の政治の行き詰まりと，新たな時代を切り開いていくために活躍した人々や明治政府の政治を関連づけて考え，時代の変化を為政者や欧米諸国，国民などの視点から多面的に読み取ることができる子ども。

※なお，本単元は２つの時代を通した単元のため，時間数が17時間で計画をしています。実際の現場では，17時間を通して単元を進めることは難しいと思いますが，前時の内容を想起して行っていきます。

3 単元構想

(1) 時代の変化を捉えることのできる単元である

　本単元は，江戸時代後期から明治時代初期を中心に構成されています。一つの時代で完結する単元とは異なり，二つの時代を扱うことで時代の変化を捉えやすくします。つまり，時代が動くその瞬間を目の当たりにすることができる単元といえます。

　江戸時代では，産業や交通の発展など繁栄する一方で，諸改革が行われたにもかかわらず，次第に幕府の政治が行き詰まってきたことを確認します。明治時代では，「明治維新」により様々な改革が行われ人々の生活に影響を与えたことを確認します。2つの時代の為政者の政治を振り返る時間を設定し，課題の解決に取り組んでいく単元です。

(2) 課題追究の立場を分け，視点を明確にする

①単元を貫く課題の設定

　本単元では，「260年余り続いた平和な時代はなぜ滅亡し，明治政府にとって代わったのだろう」という課題を単元を貫く課題とします。この単元を貫く課題は，二つの時代を扱うという本単元の特性から，二つの要素（「なぜ260年余り続いた江戸幕府は滅亡したのか」「なぜ明治政府は江戸幕府にとって代わることができたのか」）で構成されています。そのため，課題追究では，「滅びた要因を考える視点」と，「滅ぼした要因を考える視点」をもち，課題解決に迫ることができるようにします。

②視点と立場を明確にする

　「滅びた要因を考える視点」とは，諸改革が行われたにもかかわらず，その効果が少なく，百姓一揆や打ちこわしの増加など国内の政治の行き詰まりが感じられるようになったことや，欧米諸国のアジア進出により開国を迫られ，幕府には対抗する力がなかったことなど，幕府が権力を失っていった様子を明らかにするものです。

　「滅ぼした要因を考える視点」とは，天皇を中心とする中央集権国家を目指し改革を進めたこと，江戸時代に人々を苦しめていた身分制度を改めたこと，外国の文化を受け入れながら国力を伸ばそうとしたことなど，新政府の成立からその後の改革の様子を明らかにするものです。

　子どもたちは，この2つの視点で追究活動を行いますが，その際，為政者の立場，国民の立場，欧米諸国の立場で，課題追究を行えるようにします。そして，関わり合いの場において，他の立場に触れることでさらに自らの考えを深められるようにしていきます。幕府の政治も新政府の政治も立場によって捉え方が異なるため，互いの意見を交流させることで多面的・多角的な見方・考え方を養うことができるようにしていきます。

④ 本単元で働かせたい「歴史的な見方・考え方」

以下のような計画の中に，働かせたい見方・考え方を織り交ぜ実践をすすめていきます。

単元を貫く課題	課題	主に働かせたい見方・考え方	身につけることの例	
			知識・技能	思考・判断・表現
260年余り続いた平和な時代はなぜ滅亡し，明治政府にとって代わったのだろう	江戸時代の都市や産業はどのように発展していったのか調べよう①②	・推移 「江戸時代にはどのような産業が発展したのだろう」 ・つながり 「なぜ三都は繁栄していったのだろう」	・江戸時代の百姓や町人のくらしの発展，都市の繁栄の様子がわかる	・百姓や町人のくらしの変化の要因を考えることができる ・都市の繁栄の様子を史料からまとめることができる
	260年余り続いた江戸時代が滅亡した理由を予想しよう③	・比較 「発展していた江戸時代は，なぜ滅びたのか予想しよう」	・江戸時代の史料やこれまで学習した内容から江戸幕府が滅びた要因を予想する	・「なぜ幕府は滅びたのか」という視点と，「なぜ幕府を滅ぼしたのか」という2つの視点から追究の計画を考えることができる
	江戸幕府の改革と国内の様子の変化を調べよう④⑤⑥	・時系列 「どうして幕府は改革をしなければならなかったのだろう」 ・比較 「改革によって平和な時代は保たれたのだろうか」	・江戸時代の諸改革の要因とその結果がわかる	・改革によって社会がどのように変化したのか考えることができる ・身分によってどのような差が生まれてきたのかを説明することができる
	欧米諸国の変化と日本への影響を調べよう⑦⑧⑨⑩⑪	・関連 「欧米諸国では何が起こり，なぜ日本にやってきたのだろう」	・イギリスの「産業革命」や欧米の「市民革命」を経て，近代民主政治が成立し，欧米諸国のアジア進出が行われてきたことがわかる	・欧米諸国のアジア進出の目的や日本への影響を考えることができる
	日本はなぜ不平等な条約を結ぶことになったのだろうか⑫	・つながり 「日本はなぜ不利になるような条約を欧米諸国と結ばなければならなかったのか」	・不平等条約の内容と，日本と欧米諸国の国力の差についてわかる	・不平等条約が結ばれた要因について考え，その条約に対する様々な立場の人の意見を考えることができる
	260年余り続いた平和な時代はなぜ滅亡してしまったのだろう⑬	・つながり 「薩長土肥をはじめとする武士たちはなぜ倒幕を実現できたのだろうか」	・幕末までのできごとを整理し，倒幕の要因がわかる	・江戸幕府が倒幕した要因を国民，欧米諸国，為政者の視点で考えることができる
	新政府の近代国家をつくるための改革を調べよう⑭⑮⑯	・時系列 「新政府はどのような国づくりをしていったのだろう」	・明治政府が進めた政策とその方向性がわかる	・明治政府の改革の特徴とその成果を史料から考えることができる
	江戸幕府の改革では立て直せなかった日本を，なぜ新政府は立て直すことができたのだろう⑰	・比較・つながり 「江戸幕府の改革では立て直せなかった日本を，なぜ新政府は立て直すことができたのだろう」	・江戸幕府の諸改革と明治政府の進めた改革を比較して，その違いがわかる	・幕府の改革と明治政府の改革の違いを説明し，時代背景を踏まえながら明治維新の価値づけをすることができる

5 単元のすすめ方

第1・2時　学習課題「江戸時代の都市や産業はどのように発展していったのか調べよう」

　この単元の導入では，各地方の特産物（しょう油や捕鯨，こんぶ漁など）を示す資料を提示します。それぞれの資料から，各地方で特産物が作られていたことを知った子どもたちは，さらなる資料を使って国内全体で諸産業が発達したことや農具が発達したことに気付きます。そこで教師は「これらの特産物はどこに運ばれるのか」と問いかけ，江戸に全国の特産物が集まり，多くの人で賑わったこと，大阪や京都も合わせて繁栄していったこと，五街道や航路が発達したことを確認していきます。

第3時　単元を貫く課題「260年余り続いた平和な時代はなぜ滅亡し，明治政府にとって代わったのだろう」の設定

・大政奉還から幕末の江戸を考える

資料1　大政奉還

　江戸時代の繁栄を捉えた子どもたちに，右の資料を提示します。そして「この資料を見て，疑問を見つけよう」と問いかけます。子どもたちからは「一段高いところに座っている人は誰か」「何をしている場面か」などの疑問が出されます。そして，教科書を使って疑問を確認する時間を設定します。子どもたちは「大政奉還」「政権を朝廷に返すことを伝えている場面である」ということを理解し，これにより江戸幕府が滅び，明治へと時代が移り変わっていったことを確認します。そして，教師は「発展していた江戸時代は，なぜ滅びたのか」と問いかけます。

> **ここが　主　対　深**
>
> 　江戸時代は平和で大きく発展したというこれまで学習した知識が揺さぶられ，「なぜ江戸幕府は滅亡したのだろう」と疑問をもち，主体的な学びが生まれます。

・滅亡の理由を予想して，視点を明確にする

　この疑問について，子どもたちに滅びた要因を予想するように伝えます。子どもたちは小学校での学習も踏まえて，事実として認識していることや予想として考えたことを意見として述べていきます。教師はそれらの意見を，2つの視点に分類します。

第2章　「見方・考え方」を育てる中学歴史授業モデル

1つは，「江戸幕府はなぜ衰退していったのか」という幕府側の視点。もう1つは「なぜ幕府を滅ぼしたのか」という新政府側の視点です。予想される子どもたちの意見

【幕府側の視点】	【新政府側の視点】
・国内の政治がうまくいかなくなったから（為政者） ・貧しい生活をしている国民がいうことをきかなくなったから（国民） ・外国が攻めてきて勝つことができなかったから（欧米諸国）	・坂本龍馬の呼びかけで，幕府を倒そうとする人が出てきたから（為政者） ・外国が攻めてきたときに，いまのままでは対抗できないと思ったから（為政者） ・新政府側と親しくしようとする外国が現れたから（欧米諸国）

は右上の通りです。子どもたちの意見を一通り出したところで，教師は子どもたちの視点の違いを明確にし，「江戸幕府はなぜ滅びていったのか」と「なぜ明治政府は，幕府を滅ぼすことができたのか」と改めて，問い返します。そして単元を貫く課題である「260年余り続いた平和な時代はなぜ滅亡し，明治政府にとって代わったのだろう」を設定します。この時，教師は為政者の立場，国民の立場，欧米諸国の立場があることを明確にします。これにより，子どもたちが追究の見通しをもつことができたため，まずは「なぜ江戸幕府は滅亡したのか」という，滅びた要因を考える視点から授業を展開していきます。

第4～6時　学習課題「江戸幕府の改革と国内の様子の変化を調べよう」

第3時の予想から江戸時代の国内政治について考えるため，4つの政治改革（「享保の改革」「田沼意次の改革」「寛政の改革」「天保の改革」）に着目します。それぞれの改革がなぜ行われたのかを教科書や資料集から読み取り，改革の内容についても理解するようにします。そして，その結果，社会がどのように変化したのか，人々の生活がどのように変わったのかまで考察し，幕府の政治の行き詰まりの状況を捉えられるようにします。また，この時導入で学習した江戸時代の繁栄に

第4・5・6時のまとめ

改革	内容	結果
享保の改革	・倹約令 ・目安箱など	・米の値段は安定せず ・江戸で初の打ちこわしが起こる
田沼の改革	・株仲間の公認 ・専売制の実施など	・幕府，大商人への利益が集中する ・わいろが横行
寛政の改革	・倉の設置 ・出稼ぎの制限	・改革の厳しさに人々の不満が高まる
天保の改革	・株仲間の解散 ・出稼ぎの禁止	・人々の反感をかう ・水野忠邦の失脚 ・幕府の権力は衰退

よって，農村に住む百姓など，苦しい生活を強いられるようになった人々もいたことをおさえておきます。

第7～12時　学習課題「欧米諸国の変化と日本への影響を調べよう」
　　　　　　　　　　「日本はなぜ不平等な条約を結ぶことになったのだろうか」

天保の改革では異国船打払令について学習します。そこから，「欧米諸国では何が起こり，なぜ日本にやってきたのだろう」という問いを生み出しまとめていきます。欧米諸国がアジア

へ進出してきた目的を「産業革命」や「市民革命」と関連させて考え，第12時では，「日本がなぜ不平等条約を結ばなければならなかったのか」という問いにつなげていきます。欧米諸国の発展と不平等条約の締結につながりがあったことを理解し，江戸幕府が滅びることとなった要因に欧米諸国の動きが大きく関係していることに気付かせます。

第13時　学習課題「260年余り続いた平和な時代はなぜ滅亡してしまったのだろう」

○第13時の目標

- 幕府が権力を失った要因を江戸時代の諸改革や欧米諸国の動きから理解し，新しく権力を握ろうとする動きが出てきたことを理解することができる（知識及び技能）
- 幕府が権力を失った要因を史実を基に考え，具体的な根拠を示しながら伝えることができる（思考力，判断力，表現力等）
- 既習内容を根拠として，江戸時代が滅亡してしまった要因について意見交換し，他者の考えを聞くことで自らの意見を見直すことができる（学びに向かう力，人間性等）

	○主な問い，学習活動・内容	◇指導の手立て　□資料　☆見方・考え方　【】評価
つかむ	○大政奉還の様子を振り返る ・幕府が政権を天皇に返す場面だね ・これによって江戸幕府は倒れ，新しく明治政府が誕生したね ○学習課題を把握する	□資料「大政奉還」 ◇問題意識を想起させる
	〔学習課題〕　260年間続いた平和な時代はなぜ滅亡してしまったのだろう	
考える	○江戸幕府が滅亡してしまった要因を考える ・改革はうまくいかなくなり，百姓に重い負担がかかってしまったから（国民） ・欧米諸国では，産業革命が起こり，高い技術により日本との軍事力で差がついたから（欧米諸国） ・倒幕を目指した武士たちが反乱を起こしたから（為政者）	◇立場（「国民」「欧米諸国」「為政者」）が明確になるように板書する ☆つながり「欧米諸国の発展は日本にどのような影響を与えたのだろう」
	〔学習課題②〕　なぜ新政府は倒幕を実現することができたのだろう	
	○薩長土肥をはじめとする武士たちがなぜ倒幕に成功したのかを考える ・厳しい身分制度をなくしたのかな	☆比較「薩長土肥のつくろうとした国は，江戸時代と何が違ったのだろう」
まとめる	○江戸時代が滅亡してしまった要因を踏まえて，第2発問に関する自分の考えをまとめる ・薩長土肥は天皇中心の国づくりを目指し，身分制度をなくしていったのかな	【江戸幕府が滅亡してしまった要因を多面的・多角的に考えることができたか】 ☆つながり「新政府はどのような国づくりを行っていったのだろう」

　第13時では前述した指導案に沿って授業を展開していきます。
　第13時の前半では，これまで学習した内容や追究活動を行ってきた成果を発表する場としま

す。子どもたちは、諸改革の成果に関する点や、国内の生活の様子、欧米諸国の進出など「幕府が滅びた要因」をあげていきます。幕府が滅んだ要因は立場によって多くの視点があることから、活発な意見交換が交わされます。その中で、教師は、薩長土肥の武士たちによる新しい国づくりへの動きについての視点をもった意見に着目させたいと考えます。これまで江戸幕府が権力を失っていった様子を捉えてきましたが、それによって新しい国づくりを目指す武士が現れ、その国づくりを実現させていった姿に迫っていきたいと考えます。つまり、単元を貫くもう一つの視点である「なぜ新政府は、江戸幕府にとって代わることができたのか」を考えていく課題につなげていきます。薩長土肥の新しい国づくりへの動きに関する意見が出たところで学習課題②として、「なぜ新政府は倒幕を実現することができたのだろう」と問い返します。子どもたちは、「明治政府がどのように国づくりを行っていったのか」「江戸時代から何を変化させていったのか」を考えると予想されます。

> **ここが 主 対 深**
>
> 子どもたちの意見から、新たな視点を見出し時代をまたぐ学習課題へとつなげていきます。子どもたち自らが出した視点により、その後の追究活動にも意欲的に取り組めるようにします。

第14～16時 学習課題「新政府の近代国家をつくるための改革を調べよう」

第14時からは、明治政府が成立した後の国内の体制の変化や明治の三大改革、文明開化について考えます。ここでの視点は「なぜ新政府は、江戸幕府にとって代わることができたのか」という点であるため、「身分制度」や「廃藩置県」では、江戸時代との違いを明確にしていきます。また、開国したことで欧米の文化が流入し、国民の生活にどのような変化を与えたのかをまとめながら、江戸時代との比較を行っていきます。

第14～16時のまとめ
子どもたちは、下記の表の「明治時代」の内容を学習していくが、その際、必要に応じて、「江戸時代の頃はどうだったのか」という問いを投げかけ、その違いを明らかにしていく

立場	明治時代	江戸時代
為政者	・天皇中心の国づくり ・五箇条の御誓文 ・廃藩置県 ・藩閥政府	・武士（将軍）が中心 ・幕藩体制 ・徳川家の世襲
国民	・解放令、四民平等 ・学生 ・地租改正 ・徴兵令	・厳しい身分制度 ・寺子屋、私塾 ・年貢
欧米諸国	・文明開化 ・貿易 ・使節団の派遣	・朱印船貿易 ・鎖国 ・特定の国との貿易

第16時では，学習を振り返って，なぜ明治政府は江戸幕府にとって代わることができたのかという課題を解決するための自らの考えを記述する時間を設けます。

第17時　学習課題「江戸幕府の改革では立て直せなかった日本を，なぜ新政府は立て直すことができたのだろう」

　第17時では下記の指導案のように授業を展開します。

	○主な問い，学習活動・内容	◇指導の手立て　□資料　☆見方・考え方　【　】評価
つかむ	○江戸と明治の町の様子を比較する ・明治時代は洋服を着ている人がいる ・馬車が走っていて，電灯もあるよ ・建物は江戸時代と比べて様子が違うね ・外国の影響を受けているね ○学習課題を把握する	□資料「江戸の町」「明治の町」（板書） ◇江戸時代と明治時代の違いを明確にして，学習課題につなげていく ☆比較「明治になって町の様子はどのように変化したのだろう」
	〔学習課題〕　江戸幕府の改革では立て直せなかった日本を，なぜ新政府は立て直すことができたのだろう	
考える	○明治政府が江戸幕府にとって代わることのできた要因を考える ・厳しい身分制度がなくなったため，国民が自由になったこと ・欧米の文化が入ってきて，国民に広まっていったこと ・中央集権国家になり，国が一つになっていったこと ○明治政府の政策によって国民の生活は豊かになったのかを考える 【肯定派】 ・改革によって国民が自由になった ・殖産興業によって仕事が増えた ・海外の進んだ文化を取り入れることができ，国民の生活も豊かになった 【否定派】 ・税金は依然として負担となっていた ・徴兵令により，兵役の義務を負うことになったのは，大変だと思う	◇江戸時代との比較ができるように板書する ☆比較「明治政府がとって代わることのできた要因は何だろう」 ◇明治政府の政策を価値判断する視点を与える ☆つながり「明治政府の改革は国民の生活にどのような影響を与えたのだろう」
まとめる	○明治政府の国づくりについての価値判断を行う ・欧米諸国の文化を取り入れ，国を大きく発展させようとしたことが，優れていたと思う ・地租改正で安定して税金を集めたことが，発展につながったと思う	【多面的・多角的な意見を聞くことで，明治政府の国づくりについて，自分なりの価値判断をすることができたか】 ☆つながり「明治政府の国づくりは，どのようなところが優れていたのだろう」

第17時の板書

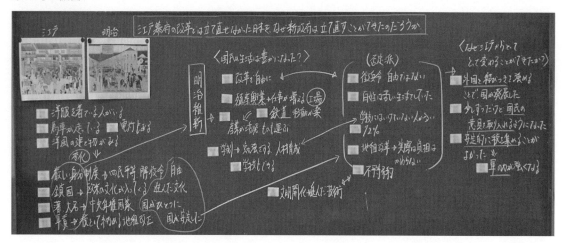

　第17時は，本単元の最終時となります。ここでは，江戸時代と明治時代の政策を比較することで，明治政府の国づくりについて考えていきたいと思います。

　導入では，江戸時代と明治時代の町の様子を比較します。国民の生活が大きく変化したことを捉えたうえで，学習課題「江戸幕府の改革では立て直せなかった日本を，なぜ新政府は立て直すことができたのだろう」を提示します。そして，明治政府の行った政策について意見を出し合います。ここでは江戸時代との変化を中心に意見を述べるように指示を出し，なぜ明治政府は幕府にとって変わることができたのかを考えます。

　そして，明治政府の行った政策を価値判断する段階へと入っていきます。教師は，子どもたちが出した政策についての意見や江戸時代からの変化に着目させ，国民の生活は豊かになっていったのかと問い返します。江戸時代の改革が上手くいかなかったことと関連づけて，明治政府の政策がどのように働いていたのかを子どもたちが価値判断できるようにします。子どもたちは，前半で意見を出し合った明治政府の政策を断片的に見ながら肯定的に捉えたり，否定的に捉えたりすることが予想できます。それぞれの価値判断を終えたところで，それでも時代が移り変わっていったことを示し，明治政府の政策で優れていた部分をまとめるように指示します。

　第17時の板書では，子どもたちが明治時代の政策を価値判断する部分が中心になるように計画しています。子どもたちは，同じ史実を基に異なる根拠から違った判断をすることで多面的な見方・考え方があることを感じることができます。その互いの意見を踏まえたうえで，最後のまとめへと入っていきます。

　幕末，明治維新は歴史の中でもよく知られた出来事が多いですが，その史実を為政者や国民，欧米諸国など異なる立場から整理し考えていくことで，様々な見方をすることができます。意欲的に意見を出し合い，歴史事象を多面的に捉えていくことのできる子どもたちの姿を見ることができるでしょう。

★チャレンジ ●もっと 主 対 深 ●

学習課題　260年余り続いた江戸時代は，なぜ滅びてしまったのだろう

○学習課題のポイント

　学習課題は前述した課題と同じですが，追究の仕方を変化させたいと考えます。江戸時代がなぜ滅びてしまったのかについて，そのきっかけとなった最も重要な出来事が何かを子どもたちが考える授業を展開します。幕末にかけての様々な出来事の中から，倒幕に至った最も影響力のあった出来事を一つ選んで，それに関係する様々な史実を根拠に自らの考えを構築していきます。時代を追って学習するのではなく，自分の根拠に必要な史実を調べ，意見を交換することによって，歴史の全体像を捉えていこうとする学習課題となります。

○予想される学びの姿

　倒幕に影響を与えた最も重要な出来事に，史実を基にした自らの根拠を構築していきます。このような課題を示すことで，必要な情報を取捨選択する力をいっそう養うことができます。また，異なる意見に対して批判的に意見を述べることも容易に行える活動となります。その際，批判するための根拠も必要となるため，より主体的に幅広い知識を身につけようとする姿勢も期待できます。

○活用できる教材

　幕末を扱うため，その時代に関連した資料が必要です。戊辰戦争の様子を提示して，江戸時代の終わりに戦が行われたことを示します。戦のない平和な時代という江戸時代の捉えを揺さぶることによって学習意欲を高めていきたいと考えます。

（中根　良輔）

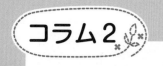

歴史の覚え方

　縄文土器が使われていた時代を縄文時代と呼んでいます。その次の時代は弥生土器が使われていた時代だから弥生時代と呼びます。これは中学校社会科の教師であれば，あたりまえの「知識」といえるでしょう。縄文土器は，表面の縄目模様が特徴的な土器として，その名がつけられました。では，弥生土器は，縄文土器のように特徴的な「弥生模様」があるのでしょうか。弥生土器は，表面の模様の特徴ではなく，東京の弥生というところで発見されたので，その発見地にちなんで名づけられました。ここで，日本の歴史学習は論理的ではなくなります。土器の模様の特徴からその時代を縄文時代と名づけたのに，次の時代は，土器の模様の特徴ではなく，地名から名づけられたのですから，時代の命名基準がずれてしまっています。

　自ら考える子どもたちは，これまでの例にならって土器に注目して，その次の時代は，どこで発見された土器の時代だろうかと疑問をもちます。ところが，今度は，前方後円墳のような墓がつくられた時代なので時代の名前は古墳時代となって，土器とはまったく関係ない基準で時代が区分されてしまい，肩透かしをくらいます。さらにその次はどんな特徴のある墓がつくられた何墓時代だろうか，と疑問をもつと，墓でなく，都市の地名から飛鳥時代となります。このように一貫しない見方・考え方で時代区分をしたため，思考活動の基本である比較の基準自体がずれてしまい，歴史学習の最初の段階で，共通の基準による比較思考がくじかれることになっています。子どもたちが，考えることを諦めて，歴史学習が暗記学習だと思いはじめる原因の一つがここにあります。

　教師が，このようないわば大人の都合を「常識として覚えなさい」と子どもにいう以外に，他に方法はないのでしょうか。解決策の一つとして，時代区分に基準（視点）が複数あることを逆手にとって，複数の基準から比較する活動をさせてみてはいかがでしょうか。例えば，次のような表を完成させる活動です。活動を通して自然に歴史を説明できるようになることで歴史用語は子どもに記憶されていきます。グループやペアでおこなうと，より確かな活動になるでしょう。

時代の比較

	縄文	弥生	古墳	飛鳥	奈良
トレンドの技術・道具	・縄文土器	・弥生土器 ・金属の道具	・巨大古墳の建設	・大きな寺院を建築	・奈良の大仏
食べ物	・魚・貝・肉 ・野草	・縄文時代＋米	・弥生時代と同じ	・貴族は菓子や乳製品も	・飛鳥時代と同じ
信仰	・土偶 ・まじない	・銅鐸や銅鏡 ・卑弥呼	・埴輪や鉄剣	・海外の仏像や経典	・共存する神社と寺
都市と交通	・小集落間の徒歩・船	・環濠集落 ・海外へ使者を送る	・弥生時代と同じ	・弥生・古墳時代＋都に地方からの貢物（徒歩や船）	・飛鳥時代と同じ
政治のしくみ	・不明	・小国家誕生 ・主に占による政治	・王墓の形を共有する国家が連合した？	・中国式の律令による政治の開始	・律令の整備がすすむ
子どものくらし	・大人の手伝い ・石器作りは狩猟の重要学習 ・男女差有	・大人の手伝い ・稲作は重要学習 ・貧富・男女差有	・弥生時代と同じ	・古墳時代と同じ ・貴族や役人の子どもは寺院や学校での勉強	・飛鳥時代と同じ

（土屋　武志）

4　C　近現代の日本と世界　(1)近代の日本と世界

(1)　単元名：日清・日露戦争と近代産業　(計8時間)

日本は欧米列強とならぶ「一等国」になれるのだろうか

1　単元目標

①【知識及び技能】

不平等条約の改正や日清・日露戦争の背景や影響について，資料を基に調べる活動を通して，明治政府が，「富国強兵」や「殖産興業」政策を強くおしすすめ，欧米列強と対等な外交関係を築こうとしたことを理解できるようにする。

②【思考力，判断力，表現力等】

「富国強兵」「殖産興業政策」に関係のある政策や社会的事象について，当時の時代背景を基に考察することを通して，仲間との関わりの中で，日本の近代的発展と当時の人々に与えた影響について価値判断し，自分の考えをまとめることができるようにする。

③【学びに向かう力，人間性等】

近代化を推し進める政策やそこに生きた人々への関心を高め，課題に対して意欲的に追究しようとしたり，仲間との関わりの中で人々の思いを考えようとしたりする態度を養う。

2　めざす子ども像～こんな姿に～

明治政府が推し進める「富国強兵」や「殖産興業」について追究していく中で，為政者としての判断や，当時の国民の思い，国外の反応や影響について迫ろうとすることができる子ども。

3 単元構想

(1) 単元を貫く課題の設定理由

　本単元では，日本が条約改正や日清・日露戦争を通して，富国強兵や殖産興業をおしすすめ，国際的な地位が向上していく経緯や背景について学習していきます。

　明治時代は，日本が西洋の文化を大胆に取り入れ，大転換を図っていく時です。そんな中，近代国家を形成してさらに発展していくためには，不平等条約の改正が最大の課題でした。それまで政府は，岩倉使節団を派遣するなど，条約改正の交渉に乗り出していますが，法整備の遅れなど近代国家としての不備が指摘され，遅々としてすすみませんでした。

　しかし，この使節団の視察を通して国力の充実が必要と痛感した政府は，「富国強兵」のスローガンのもと，近代産業を保護・育成する「殖産興業」政策を実施していきます。本単元で扱う時代は，それらの政策の成果が見られる時期です。国民を兵とする統一的な軍隊は，日清・日露戦争で勝利を勝ち取っていきます。また，国際的にも日本の発展が認められ，ようやく条約改正が実現します。さらに，軽工業の大規模化や重化学工業の基礎ができるなど，急速な近代化の進行が見られます。日露戦争後，国民の間には「一等国」の意識が生まれ，日本はアジアの中での指導的立場にあるとの認識をもつ人が出てきます。ただ，その発展の裏には，戦争で犠牲となった兵士，厳しい労働環境で働く人々，公害問題の発生など，苦しい立場におかれた人々がいたことも事実です。

　このように，近代国家へと突き進む日本の光（発展）と影（課題）を主体的に学習できるようにするため，単元を貫く課題を「日本は欧米列強とならぶ『一等国』になれるのだろうか」と設定します。追究学習を進める中で，日本の発展を実感しつつ，列強の仲間入りができたかについて史実を見つめながら考えをまとめていくことで，多面的・多角的に捉えることができるのではと考えました。

(2) 「国民」の立場について考える場面の設定

　本単元を学習していくと，「日本」という国家としての地位や発展にどうしても目がいきがちになります。しかし，歴史学習において，その時代に生きた人々の思いを捉えていくことも大切にしていきたいところです。

　そこで，日露戦争後「国民は，ポーツマス条約を受け入れるべきだったのだろうか」という課題を設定し，戦争が与えた国民への影響を考えていきます。当時の政策や人々の税負担などを追究し，国民の思いに迫ることは，本単元の課題である「『一等国』になれるか」についての考えをまとめる大切な視点になってくると考えました。

④ 本単元で働かせたい「歴史的な見方・考え方」

単元を貫く課題	課題	主に働かせたい見方・考え方	身につけることの例	
			知識・技能	思考・判断・表現
日本は欧米列強とならぶ「一等国」になれるのだろうか	不平等条約は，改正されたのだろうか①	・時系列 「不平等条約は，どのような過程を経て改正されたのだろうか」	・不平等条約を改正するために明治政府が行った外交政策について調べ，理解できる	・「一等国」とはどんな国かを当時の時代背景などを基に考えることができる
	日清戦争によって日本が得たものは何だったのだろうか②	・結果・影響 「戦争によって日本が得たものは何だったのだろうか」	・日清戦争に至るまでの経緯とその結果，戦争による影響について調べていたことを基に理解できる	・三国干渉が日本や国民にどのような影響を与えたかを考えることができる
	日露戦争によって日本が得たものは何だったのだろうか③	・結果・影響 「戦争によって日本が得たものは何だったのだろうか」	・日露戦争に至るまでの経緯とその結果，戦争による影響について調べていたことを基に理解できる	・ロシアとの戦争を終えて日本が一等国に近づいたかについて自分の考えをまとめる
	国民は，ポーツマス条約を受け入れるべきだったのだろうか④	・結果・影響 「国民は，ポーツマス条約を受け入れるべきだったのか」	・日露戦争に関連する資料を読み取り，戦後の国内の様子について理解できる	・条約をはじめとした日露戦争に関連する資料を読み取り，条約を受け入れるべきか自分の考えをまとめる
	なぜ朝鮮で日本語の授業を行ったのだろうか⑤	・背景 「なぜ日本政府は韓国を併合したのか」	・韓国併合に至るまでの流れとその影響，中華民国が成立する過程を理解できる	・帝国主義政策が一層進んだことを理解するために，韓国を併合した理由を考える
	なぜ日本は近代産業の発展に力を入れたのだろうか⑥	・背景・影響・結果 「なぜ日本は近代産業に発展に力を入れたのだろうか」	・日清戦争前後から近代産業が発展し，資本主義経済の基礎ができたことを理解できる	・近代産業に力を入れた理由と人々の生活の変化について考える
	明治時代の文化や教育にはどのような特色があるだろうか⑦	・背景・影響 「義務教育は日本の発展のためにどんな役割を担っていたのか」	・伝統的な文化のうえに欧米文化を受容して形成した明治時代の文化の特色を理解できる	・明治時代の文化の特色と義務教育制度が果たした役割について考える
	日本は欧米列強とならぶ「一等国」になれたのだろうか⑧	・つながり 「『富国強兵』『殖産興業』の視点から，日本は『一等国』になれたのだろうか」	・「富国強兵」「殖産興業政策」などの政策から日本が近代化をすすめ，欧米と対等な関係を築こうとしたことを理解できる	・国が近代的に発展した点や問題点などを捉え，日本が近代的に発展できたかを考えたり，仲間の意見を聞いてまとめたりする

5 単元のすすめ方

第1時 単元を貫く課題「日本は欧米列強とならぶ『一等国』になれるのだろうか」の設定 ―

・第1時の課題「不平等条約は，改正されたのだろうか」を設定する

　単元の導入では，「ノルマントン号事件」の風刺画を提示します。子どもたちが，気付いたことや小学校での学習から知っていることを話していく中で，領事裁判権を認めている不平等条約が原因で起きた事件であるとつかみます。そこで，第1時の課題を「不平等条約は，改正されたのだろうか」として，条約改正について追究する時間を設定します。

資料1　ノルマントン号事件

・「なぜ条約改正が必要なのか」を考える中で，単元を貫く課題を設定する

　「不平等条約は，改正されたのだろうか」について調べたことを発表していきます。「鹿鳴館での舞踏会を開くなどの『欧化政策』を行っていた」「陸奥宗光や小村寿太郎による外務大臣の交渉によって改正された」など，条約改正に向けた政策や成功した事実が明らかになります。そこで「なぜ不平等条約の改正が必要なのか」と発問すると，次のような発言が見られます。

> A「日本人にとって貿易の面で不利だから（関税自主権がない点から）」
> B「外国人の勝手な行動を許すことになるから（領事裁判権を認める点から）」
> C「日本が欧米と国際的に対等な地位を築きたいと思っているから（発展への期待から）」

　A・Bは，不平等条約の負の面を捉えた発言といえます。またCの発言は，日本の発展を願う思いが含まれています。そのような発言があった時に，「欧米列強と比べて日本に足りないものはなに？」と問いかけます。「強い軍隊」「近代的な工業」などがあがり，まだ日本は，欧米列強とならぶだけの力がないことを対話の中から実感できるようにします。そこで，「日本は欧米列強とならぶ『一等国』になれたのだろうか」と単元を貫く課題として設定し，富国強兵や殖産興業政策によって，近代的な発展の成果について追究する授業を展開していきます。

ここが 主 対 深

　子どもたちの気付きやつぶやき，発言で出た言葉をつなげていく中で，単元を貫く課題を設定します。そうすることで，次の時間から何を追究していくかが明確になり，課題についてもっと調べたいという主体的な行動につながります。

第2・3時　学習課題「日清戦争によって日本が得たものは何だったのだろうか」

○第2時

・資料から日清戦争後の影響を読み取る

資料2　漁夫の利（ビゴー）

　まず，ビゴーの風刺画である「漁夫の利」を用いて，日清戦争前の国際関係をつかみます。「日本と清が朝鮮を取り合っている」「ロシアはその様子をうかがっている」そのような子どもの発言を取り上げながら東アジア諸国の関係を把握し，日清戦争の背景や経緯について調べ学習を行っていきます。

　日清戦争について学習を深めた後，下関条約の主な内容に注目し，「日本が得たものは何だったのか」を読み取っていきます。次のような内容を読み取ることができます。

〈主な下関条約の内容〉	〈条約の内容から読み取りたいこと〉
・清国が朝鮮の独立を承認する　→	朝鮮への日本の影響力が強くなる
・遼東半島，台湾，澎湖諸島を得る　→	台湾の植民地統治
・賠償金を得る　→	軍備拡張費など富国強兵政策に使用

資料3　1895年4月の東京（ビゴー）

　また，1985年4月の東京を描いたビゴーの風刺画から，「眠れる獅子」に勝利したことで，子どもたちが中国人をからかう様子が読み取れます。ここから，日本人の優越感が高まったと捉えることができます。戦争の結果が，国民にも影響を与えていることがわかります。

●ここが 主 対 深 ●

　授業の内容を振り返って感想を書く際，「日本は日清戦争を経て，「一等国」に近づいたか」という視点でまとめていきます。そうすることで，単元のまとめの場で日本が「一等国」になれたかの価値判断の材料の一つとして活用できます。

○第3時

　第2時のように，資料から日露戦争の背景や経緯などの実態を読み取っていきます。その後，アメリカの仲介によりポーツマス条約が結ばれることを学習します。その講和会議でのロシアの主張を確認し，交渉の難しさを押さえると，日本が得たものと戦争によって失ったものの大きさが，より明確になってきます。

第4時　学習課題「国民は、ポーツマス条約を受け入れるべきだったのだろうか」

○第4時の目標
- 日露戦争の背景やその後の影響について調べる活動を通して、当時の国内外の反応やそれを踏まえた政治について理解できるようにする（知識及び技能）
- 課題に対して仲間と関わり合う活動を通して、日露戦争後の国際関係や国民の思いについて多面的・多角的に考えることができるようにする（思考力、判断力、表現力等）
- 課題に対して調べたり話し合ったりする活動を通して、当時の歴史的背景や人々の政治に対する期待や思いを捉え、自分の考えをもとうとする（学びに向かう力、人間性等）

	○主な問い、学習活動・内容	◇指導の手立て □資料 ☆見方・考え方【 】評価
つかむ	○ポーツマス条約の内容を振り返る ・韓国への支配　・賠償金がなかった ○「日比谷焼き討ち事件」の資料を見る ・条約締結に反対した人がいたんだね ・条約は結ばない方がよかったのかも ○学習課題を把握する	◇本時の課題と関連する内容を復習する ◇「賠償金がない」という発言があった時に資料を提示する □資料「日比谷焼き討ち事件」 ◇条約に反対する国民がいることを知り、本時の課題を設定する
	〔学習課題〕　国民は、ポーツマス条約を受け入れるべきだったのだろうか	
調べる	○次頁資料A～Fを中心に読み取り、日露戦争後の日本の立場と人々の様子を捉える	□日露戦争に関するA～Fの資料（次頁） ☆背景・影響「国民はポーツマス条約を受け入れるべきだったのか」
話し合う	○国民はポーツマス条約を受け入れるべきだったか話し合う	◇発言の根拠を明らかにしながら発言するように助言する
	〈受け入れるべき〉 ・資料Bから、犠牲も大きかったので反対があっても早く決着をつけた方がいい ・資料Cから、ロシアの主張も強気だし、朝鮮などは日本のものになるからよい ・資料Fから、戦争に勝ったことで国民も日本が強くなったと自信にした人もいたので、賠償金がなくても意味があると思う	〈受け入れるべきではない〉 ・資料AやDの様子から、負担が今後も続いていくことが耐えられない ・資料BやDから、国民の負担は重く、賠償金が得られるまで交渉してほしい ・資料Fから、一等国をめざすのであれば、賠償金が得られるまで交渉した方が、さらに欧米列強に近づけたのだと思う
まとめる	○話し合いを基に、日本は一等国に近づいたかについて自分の考えを記入する 〈一等国に近づいたと思う〉 ・大国のロシアに勝ったことは、日本人の地震にもつながるし、列強の見方も変わるはず 〈一等国に近づいたとは思わない〉 ・いくら勝ったといっても、国民の生活が大きく発展するわけではない	【日露戦争を経て日本が一等国に近づいたかについて、当時の国際関係や国民の負担や思いという視点から考えることができたか】 ☆つながり「日露戦争を経て、日本は一等国に近づいたか」

・「日比谷焼き討ち事件」の資料や事実から課題を設定する

　導入では、資料A「日比谷焼き討ち事件」を提示します。ここでは、日露戦争に結ばれたポ

ーツマス条約の内容に反対した国民がいたことをつかみます。資料を読み取り事実をつかんだ子どもたちとの対話から、「国民は、ポーツマス条約を受け入れるべきだったのだろうか」と課題を設定し、追究活動に入ります。

・「国民は条約を受け入れるべきか」自分の考えをまとめるための追究活動

　下のA～Fまでの資料を配付し、課題に対する自分の考えをまとめていきます。写真や表、グラフなど見て判断しやすい資料を提示することで、短い時間でも「国民は条約を受け入れるべきか」について、多面的に捉え、根拠をもって考えをまとめていくことができます。

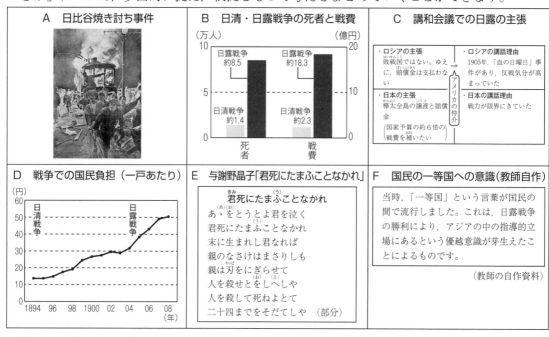

・「国民はポーツマス条約を受け入れるべきだったのだろうか」全体で話し合う

　話し合いで明らかになるのが、「賠償金がなく負担が重くなる国民の姿」と「列強の一角に勝ち、『優越感』を覚える国民の姿」であると予想されます。これらの点について、資料をもとにした子どもたちの考える国民の思いを出し合うことで、当時の国民の様子や政治に対する国民の思いについて理解することができます。

ここが 主 対 深

　「国民は……」と課題を設定して話し合うことで、当時の国民の立場で考えることができ、国民の生活の様子や思いに迫ることができます。また、友だちの意見を聞くことで、自分にはなかった考えに気付き、新たな考えの構築につながることが期待できます。

第5時　学習課題「なぜ朝鮮で日本語の授業を行ったのだろうか」

・日露戦争後，どんな動きがあったのか

　子どもたちは，前時の学習から日露戦争後の情勢について関心が高まっています。第5時の導入では，「日本語で授業を受ける朝鮮の子どもたち」の写真資料（略）を提示し，気付いたことを発表しながら，日露戦争後の様子であることを伝えます。そこから，「なぜ朝鮮で日本語の授業を行っていたのだろうか」と課題を設定し，韓国併合の経緯について学習を進めていきます。

第6時　学習課題「なぜ日本は近代産業の発展に力を入れたのだろうか」

・調べ学習から近代産業の発展の光と影をさぐる

　「生糸の生産と輸出量の変化」や「製糸工女の1日」の資料から，生糸の生産量が世界一になったことや女工の厳しい労働環境について読み取っていきます。すると，近代産業の発展に貢献した点と，その裏にある問題点がわかり，調べたことをこの2点に整理しながらまとめていきます。

資料4　生糸の生産と輸出の変化　　資料5　製糸工女の1日

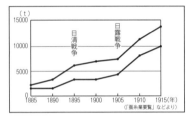 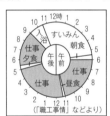

	主な日本の発展に貢献した点	発展の裏にある主な問題点
軽工業	・生糸，綿糸の輸出増大 　（外貨獲得に欠かせない） ・工場法の制定 　（労働環境の改善をめざす）	・工女の労働環境（長時間労働など）悪化 　（労働組合の結成がされはじめる） ・工場法の例外規定が多く設定され，労働環境の改善にはつながらなかった
重工業	・多くの機械，船，機関車などが国産で生産される ・農業の日雇いよりは賃金が高い ・鉄道など交通網の発達につながる	・まだ生産量は高くない ・危険を伴う仕事もある ・足尾銅山鉱毒事件（公害問題）の発生

ここが　主　対　深

　近代産業についてわかったことを発表した後，「なぜ日本は近代産業の発展に力を入れたのだろうか」と発問し，考えをまとめます。「欧米に追いつくため」「もっと強い国にしていくため」など，近代産業の発展が日本の国力の増強に不可欠であることが，より実感できます。ただ，その裏に国民生活の変化や協力，負担，犠牲の伴ったものであることも理解させていきたいところです。

第7時　学習課題「明治時代の文化や教育にはどのような特色があるだろうか」

> 石炭をば早や積み果てつ。中等室の卓(つくえ)のほとりはいと静にて，熾熱燈(しねっとう)の光の晴れがましきも徒(いたづら)なり。
> （森鷗外「舞姫」より）

　明治時代，口語のままで文章を書いた文体を「言文一致」といいます。森鷗外の「舞姫」の一説などを，実際に子どもと読みながら，江戸時代と違ったわかりやすい表現であることを確かめられます。また，就学率が上がり，教育制度の基礎が固まりつつあったことも，明治の文化を支えるものとなったことを押さえたいところです。

第8時　学習課題「日本は欧米列強とならぶ『一等国』になれたのだろうか」

　授業の前半で，日本は「『一等国』になれた」か「『一等国』とはいえない」かを明らかにしながら自分の考えをまとめます。その際，これまで使用した資料や授業後の感想を振り返りながら，記述するように指示します。

　後半では，まとめた考えを基に話し合いを行います。「『一等国』になれた」とする意見は，近代的な発展が見られたところです。政府は，「富国強兵」「殖産興業」政策に力を入れたことが改めて浮き彫りになり，条約改正前の欧米と比較して不足していた点を強化してきたことに気付きます。一方，「『一等国』とはいえない」とする意見は，発展途上であったり問題点であったりするところです。そこが，さらなる日本の発展の鍵となります。次の単元では，その変化にも注目させたいです。

第8時の板書

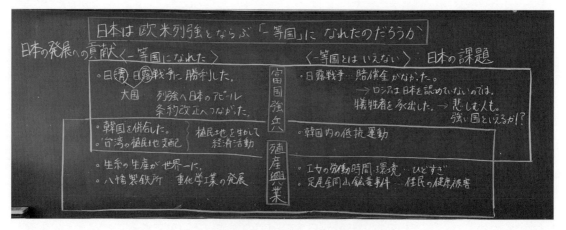

★チャレンジ もっと 主 対 深

学習課題　国民は日露戦争を行うことに賛成だったのだろうか

○学習課題のポイント

　「あなたは，国と国が対立したら戦争をしてもよいと考える？」と子どもに聞くと，全員が「してはならない」と答えます。あたりまえですし，そうでなければならないと思います。しかし歴史を見ていくと，戦争のうえに「いま」があるといっても過言ではありません。日清・日露戦争は，日本が経験した初期の近代戦争です。特に，日露戦争は，多くの犠牲者を出しました。いくら国家の利益のためとはいえ，本当に戦争をするべきだったのでしょうか。「国民は日露戦争を行うことに賛成だったのだろうか」について考えていくことは，人々の思いに迫ることができるとともに，第一・二次世界大戦を学習するうえでの基盤となることが期待できます。

○予想される学びの姿

　この授業で大切にしたいことは，「いかに資料を読み取り，当時の人々の思いに迫ろうとするか」です。下のように，〈主戦論〉と〈非戦論〉の資料を提示し，「この意見を読んで，当時の国民はどう考えたのだろうか」と問います。2つの主張のように，子どもたちも違った見解をもち，対話する中で，当時の人々の思いを学び取ろうとしていくでしょう。

○活用できる教材

〈主戦論〉

東京帝国大学の七博士意見書（戸水博士ら）
ロシアが満州を占領すれば，次に朝鮮を狙うことは明らかである。朝鮮がロシアの勢力下に入れば，次に狙うところは聞かなくても明白である。だから現在，満州問題を解決しなければ，朝鮮が失われてしまう。朝鮮がなければ日本は防御できない。（中略）私たちは理由なく開戦を主張しているのではない。（中略）この好機を失えば，日本はその存立が危うくなることを国民は自覚するべきである。 （「東京朝日新聞」1903年6月24日）

〈非戦論〉

内村鑑三の主張
日清戦争で2億の富と1万の生命を費やして，日本が得たものは何か。（中略）目的だった朝鮮の独立はかえって弱められ，中国の分割は激しくなり，国民の負担は非常に増し，東洋全体を非常に危うくしたではないか。この害毒を目前にしてなおも開戦を主張するのは，正気のさたではない。 （「万朝報」1903年6月30日）

（成田　道俊）

4　C　近現代の日本と世界　(1)近代の日本と世界

(2)　単元名：第二次世界大戦と日本（計8時間）

なぜ戦争を止めることができなかったのだろうか

1　単元目標

① 【知識及び技能】
　第二次世界大戦における世界や日本の政治や社会の変化に着目して，関連する資料や年表などを調べることを通して，大戦が人類全体に惨禍を及ぼしたことを理解できるようにする。

② 【思考力，判断力，表現力等】
　世界の動きと我が国の動きに着目し，相互に関係づけながら多面的に考察をすることや
　仲間との関わりの中で，どこで戦争を止めることができたのかについて考察し判断をすることができるようにする。

③ 【学びに向かう力，人間性等】
　当時の人々の生活の様子や思いを共感的に捉えながら，意欲的に課題を追究していく態度を養う。

2　めざす子ども像～こんな姿に～

　戦争による被害や当時の人々の思想や心情を理解し，民主主義社会の大切さに気付き，平和を築いていこうとする子ども。

3 単元構想

(1) 単元を貫く課題の設定理由

　本単元は，軍部の台頭から戦争までの経過と大戦が人類全体に惨禍を及ぼしたことを理解し，「国際協調と国際平和の実現に努める」ことを学習をする単元です。

　単元のはじめに「焼き場に立つ少年」の写真を見せ，自分と同じ年代の子どもたちが戦争によってどのような影響を受けたかを知ります。また，戦争孤児に注目し，このような少年たちを生み出してしまった戦争がなぜ起こったのか，止めることができなかったのかと思考をつなげます。単元のはじめに，戦争がもたらす惨禍を見せ，さらに，単元中盤でアメリカと日本の国力の差を示すグラフを提示することで，戦争をなぜはじめたのか，止めることはできなかったのかと疑問が子どもたちから生まれます。その結果，子どもたちが継続して「主体的な学び」ができるようになるのではないかと考えます。さらに，戦争について歴史的な見方・考え方を働かせることで多面的・多角的に捉えることができます。

(2) 学習課題解決に迫るための手立て

　課題に対しての立場を明確にします。「天皇」「軍部」「政府」「国民」の4つの立場から，それぞれ課題に迫ります。子ども一人ひとりが立場を明確にすることで，関係認識を混乱させたり，判断を難しくさせたりすることを防ぎます。史料は，立場別の的確な資料に出会うことが難しいことや，インターネットの不確実な情報に翻弄されないためにも，教師が示した史料の中で追究していきます。史料の中には，戦争体験者のお話を聞くことや，それが難しいようであれば，「NHKアーカイブス」の動画などを入れます。動画や戦争体験者の証言は，必ず取り入れます。また，内容の取扱いには十分に留意し，「一面的な見解を十分な配慮なく取り上げたりするなどの偏った取り扱いにより，生徒が多面的・多角的に考察したり，事実を客観的に捉え，公正に判断したりすることを妨げることのないように留意すること」（内容の取扱いについての配慮事項）についても意識しなくてはいけません。

　そして，自分の調べた立場と同じ人と，3〜4人グループを作り，話し合う場面を設けます。小グループで話し合うことで，自分の意見に深まりと自信をもつことができます。話す場面が多くなり，主体的な活動にもなります。その後，クラス全体で話し合い，立場の違う人の意見を聞く対話的な活動の中で，自己の考えをさらに広げ深めることができます。

④ 本単元で働かせたい「歴史的な見方・考え方」

単元を貫く課題	課題	主に働かせたい見方・考え方	身につけることの例	
			知識・技能	思考・判断・表現
なぜ戦争を止めることができなかったのだろうか	戦争孤児たちは，どのような生き方をしたのだろう①	・つながり「戦争孤児たちは，どのような生き方をしたのだろう」	・戦争孤児のその後生き方について知る	・写真や映像から人々の状況や思いを考えることができる
	第二次世界大戦の開戦で日本はどのような行動をとったのだろうか②	・時系列「第二次世界大戦の開戦で日本はどのような行動をとったのだろうか」	・第二次世界大戦の原因や経過がわかる	・日本が同盟を結ぶことを選んだ行動について考えることができる
	なぜ，太平洋戦争を起こしたのだろうか③	・比較「アメリカとの国力の差を比較して太平洋戦争がなぜ起こったのか考えよう」	・アメリカとの資源や国力の差について，具体的な史料を基にわかる	・日本の南進やアメリカとの国力の差，当時の国際関係について説明することができる
	戦時下の人々は，どのような生活をしていたのだろう④	・つながり「戦況の悪化とともに国民生活は，どうなっていったのだろうか」	・戦争の長期化で，国民生活が統制されていることがわかる	・戦争体験談を基に，当時の生活の様子を想像する
	なぜ，もっと早く戦争を止めることができなかったのだろう⑤⑥⑦	・比較・関連「立場ごとに，戦争を止めることができなかった理由を調べ考えよう」	・立場ごとに，戦争を止めることができなかったのか史料を基にまとめる	・なぜ戦争を止めることができなかったのか史料を根拠に価値判断できる
		・比較・関連「違う立場の意見も聞き，戦争を止めることができなかった理由を考えよう」	・戦争を止めることができなかった理由を多面的・多角的に捉える	・戦争を止めることができなかったのかの課題について他の立場の意見も踏まえて価値判断ができる
	戦争を止められなかった結果，日本はどうなったのだろう⑧	・推移「日本はどのような経過をたどって降伏したのだろうか」	・特攻隊・沖縄戦・原爆投下などの戦争終結までの概要がわかる	・戦争被害の実態から，国民の苦しみについて考えることができる

5 単元のすすめ方

第1時　単元を貫く課題「なぜ戦争を止めることができなかったのだろうか」の設定
　　　　学習課題「戦争孤児たちは，どのような生き方をしたのだろう」

・導入は「焼き場に立つ少年」の写真から
　この単元は，吉岡栄二郎氏の著書『「焼き場に立つ少年」は何処へ』（2013，長崎新聞社）の表紙を提示するところからはじまります。表紙には，アメリカ軍の従軍カメラマンだったジョー・オダネルが1945年に長崎で撮影した，弟を背負って直立不動で立つ少年の写真が載せられています。この写真の一部分を拡大して，まずは，写真の少年の顔だけを見せ，少年の表情を読み取ります。その後，写真の全体を見せます。少年の姿勢や表情に注目し意見を発表した後，少年が原子爆弾の被爆地の長崎で，焼き場に立っていること，弟が死んでいることを伝えます。少しずつ写真を見せていくことで，子どもたちの興味を引き，予想と違った事実に，「なぜ」と疑問をもつようになります。そこで，少年は立ち尽くして，何を思っているのかを話し合います。

・単元を貫く課題を設定する
　自分たちと同じような歳で親を亡くした戦争孤児について伝える映像「NHK 戦後史証言アーカイブス　少年たちのゼロ年」を視聴します。視聴後，感想を聞き「戦争で親を亡くし，生きていくのは想像を絶するほど辛かったと思う」などの意見が出てきたところで，「国民は，戦争をどう思っていたのか」と問いかけます。そこで，子どもたちは，「嫌だと思っていたのではないのか」「やらされていたのでは」「どうして戦争をしたんだろう」「どうして，戦争を止められなかったのだろう」と思考をすすめ，そこから単元を貫く課題を設定します。その後，課題に対する今の自分の考えを書き，本時を閉じます。

・子どもの予想を裏切る大切さ
　火葬場の前でなぜ？　と違和感を抱く写真で，子どもたちの予想を裏切ることは，主体的な学びになると考えます。予想を裏切られることで，「なぜ？」と疑問をもつようになります。単元のはじめの方で，子どもたちの興味・関心を高めることで，単元を通して意欲的に学ぶ姿を生みます。
　なお，この写真は，「焼き場に立つ少年」でネット検索すると，WEB 上で見ることができますが，上記吉岡氏の図書のほか，ジョー・オダネル氏の妻，坂井貴美子氏が書いた『神様のファインダー　元米従軍カメラマンの遺産』（2017，いのちのことば社）などで，より詳細に見ることができます。

第1時の板書

◉ここが 主 対 深◉

　子どもたちが，自分と同じ年頃の子が親や兄弟など家族を亡くす大変さ，悲しさをイメージし，大人たちはどうして戦争を止められなかったのかという素朴な疑問をもつことから主体的な学びにつなげます。

第2時　学習課題「第二次世界大戦の開戦で日本はどのような行動をとったのだろうか」

　第二次世界大戦の開戦は，年表や関係を図にまとめることで，子どもたちが時系列を理解しやすくなります。独ソ不可侵条約からドイツのポーランド侵攻，そして，日独伊三国同盟を結ぶまでを順に追いながら学んでいく中で，ドイツが第一次世界大戦と同じ過ちを犯してしまったことに気付きます。そして，そのドイツと日本が同盟を結んでしまったことから「日本は，どんな様子だったのだろうか」という疑問をもち，次時へとつなげていきます。

資料1　第二次世界大戦の関係図ノート

・子どもの思考の流れに沿った単元づくり

　子どもの思考に沿った単元を作ることで，意欲を損なわない，主体的な学びにつながります。次に学ぶことを意識しながら，授業の最後に次時へつながる課題を持つように本時のゴールを見据えて授業を展開させます。

第3時　学習課題「なぜ，太平洋戦争を起こしたのだろうか」

　前時に出た課題である「日本の様子」という視点を調べるために，日米の国力を比較する史料を用いて，学習を進めます。予想をした後，示していきます。

　人口・経済面・戦力面を比較した史料から，日本とアメリカの国力に圧倒的な差があることを知り，子どもたちは驚きます。

資料2　日米の国力の差

日米の国力の差（日本を全て1とする）

	人口	国民総生産	商船保有量	石油産出量
日本	1	1	1	1
アメリカ	1.86	6.35	1.65	776.8

　そこで，「日本はアメリカと戦争をしました」と伝えると，「なぜ，こんなに力の差があるのに戦争をしたのだろう」と疑問を持ち，大東亜共栄圏の設立とその意味，ABCD包囲陣などの経済的理由を学びます。そこで，単元を貫く課題「なぜ戦争を止めることができなかったのだろうか」を投げかけます。

・学習課題について予想し，立場を分ける

　子どもたちは，戦争を止めることができなかった理由を，今までの歴史学習で学んだ事実から予想し，挙げます。それらを，「国民」「政府」「軍部」「天皇」の4つの立場に分けてまとめます。それぞれの立場から「戦争を止めることができなかった理由」を追究していく視点を持ちます。4つの立場から，課題を追究していくことで，事実を客観的に捉え，多面的・多角的に判断していくことができると考えます。

第4時　学習課題「戦時下の人々は，どのような生活をしていたのだろう」

　戦争が長期化するに連れて，国民生活や植民地・占領地の人々の様子の変化を読み取ります。国民の生活が苦しく，統制されていること，植民地・占領地の人が日本語教育を強制されたり，住民の犠牲も出たりしたことを理解します。教科書や資料集，学校図書館の資料などを使い調べます。国民生活については，たくさんの史料があり，子どもたちも自分の生活と比較できることから，悲惨な出来事や苦しい生活を知り，どうして戦争をもっと早く止めることができなかったのかと，深く考えるようになります。そこで，単元を貫く課題に戻り，課題を「なぜ，戦争をもっと早く止めることができなかったのだろう」に発展させ，次時の個人追究につなげます。

第5〜7時　学習課題「なぜ,戦争をもっと早く戦争を止めることができなかったのだろう」

○第5・6時

・資料の工夫

　教師自作の資料集は，下の表のようなことが読み取れるように準備します。自作資料を作る理由としては，立場別の的確な史料に出会うことが難しいことや，インターネットの不確実な

情報に翻弄されたり，情報量が多すぎて調べに時間がかかりすぎたりしてしまうことを防ぐためです。適切なものがあれば，図書館の本を利用します。戦争体験者に話を聴くことができるのであれば，ぜひその活動を取り入れたいです。難しいようであれば，NHKアーカイブスなどの映像資料や戦争体験者の証言を活用します。

・視点を明確に

　教師自作資料から，①どの立場の人が，②どのような状態であったりどのような体験をしたりして，③戦争を止めることができる可能性があったのかについて調べていきます。②は事実を認識し（事実認識），③は②を基に自分で判断します（価値認識）。

・同じ立場でグループを作る

　リテラシーなどを考慮して，同じ立場を調べる3～4人でグループを作ります。個人追究→グループ追究という形で行います。同じ立場の人と情報を共有する時間を設けることで，読み取り精度の差をなくし，読み取りの視点の多面性を学ぶことを目指します。また，自分の意見に自信をもたせ，次時のクラスでの話し合いでの発言につなげていくこともねらっています。

資料3　追究活動での読み取り

天皇	政府
・日本国民のことを大切にしていた ・立憲君主制のため口出しができなかった ・軍部の力が強い ・1943年に講和を考えていた	・軍部の力が政治にも及んでいた ・戦争に反対した政治家は殺される ・情報を統制していた ・政府の決めたことに反対する人を威圧 ・ABCD包囲陣により石油が禁輸
軍部	国民
・陸軍も海軍も石油が欲しい ・日本は負けない「神国」 ・「あきらめずに戦う！」のが日本男児 ・死ぬのは名誉なこと ・自分が犠牲となり国や家族を守る ・特別攻撃隊	・ミッドウェー海戦は，勝っていると思っていたが，実は負けていた ・本当の情報が知らされていない ・国民学校で戦争はよいと教えられていた ・国家総動員法で自由を奪われていた ・治安維持法により思想の自由が奪われていた ・選挙権は普通選挙であったが25歳以上男子のみ

○第7時の目標

・史料や話し合いから，戦争を止めることができなかった理由を様々な立場から理解することができる（知識及び技能）

・クラス全体での話し合いを通して，立場別で戦争を止めることができなかった理由を考え，民主主義の大切さを考えることができる（思考力，判断力，表現力等）

・戦争を止めることができなかった理由を積極的に話し合ったり考えたりすることができる（学びに向かう力，人間性等）

	○主な問い，学習活動・内容	◇指導の手立て □資料 ☆見方・考え方【 】評価
つかむ	○真珠湾攻撃の写真を見て，太平洋戦争のはじまりを思い出す ○学習課題を把握する	□写真「真珠湾攻撃」 ◇今日の学習課題を，確認する
	〔学習課題〕　なぜ戦争をもっと早く止めることができなかったのだろう	
調べる	○課題に対しての考えの立場を明確にして話し合う ・同じ立場の人と少人数グループで ・違う立場の人を交えてクラス全体で 　・天皇→戦争を止めたら大内乱と考えた 　・軍部→石油を止められてから賛成へ 　・政府→二・二六事件などに見られるように，軍部の力が強まっていた 　・国民→反対したら，捕まる ○関わり合いのある事柄を見つける ・政府が情報統制していたので，国民は，事実を知らされていなかった ・軍部の力が強くなり，天皇や政府が止められなかった	【戦争を止められなかった理由を発言したり，他者の意見を聞いたりして意欲的に考えたりすることができたか】 ◇クラス全体で違う立場の人を交えた話し合い活動をする（立場ごとに意見を分けて板書する） ☆比較「立場の違う人の意見聞き，戦争を止められなかった理由を考える」 □自作の史料や自分で調べてきたもの 【戦争を止められなかった理由を多面的・多角的に考えることができたか】 ◇板書で関係のある事柄を線で結び，わかりやすくまとめる ☆比較・関連「戦争を止められなかった理由について，立場ごとに出した意見が関連し合っていることに気付く」
まとめる	○どうすれば，戦争を止めることができたのだろう ・戦争がはじまってから，戦争を止めることは難しい ・国民が男女平等の選挙権をもち，国民主権の政治が行われていたら止められた ・自由に発言をして，自分の意見をいえていたら，戦争に反対できた	【どうすれば戦争を止めることができたのか，の課題に対して自分の意見をもつことができたか】 ◇板書に書かれている意見を参考にして，つながりをもって考えられるようにする ☆つながり「現代の民主主義社会の大切さに気付く」

　調べてきたことを基に，異なる立場の人を含めてクラス全体で話し合いをします。次々に意見を出していくことを心がけます。その時に，事実をいった後，「……だから戦争を止めることができなかったと思います」と自分の考えを文末に入れることや，「○○さんの意見と似ているのですが……」と文頭につけ加えることで意見の出し合いではなく，比較・関連した話し合いになります。意見が出た後，「関わりのある事柄はどれだろう」と発問し，黒板に記していきます。そうすることで，お互いの立場のつながりが見えてきます。そして，戦争をどうしたら止めることができたのかを考えます。今後私たちが意識して生活していくうえで，二度と戦争を起こさないための学習でもあることに気付かせ授業を終えます。

第7時の板書

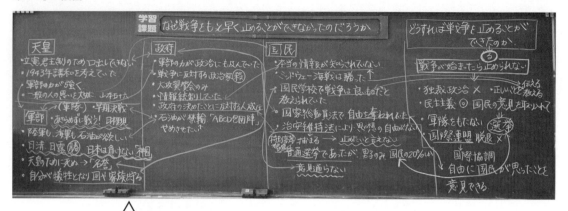

ここが 主 対 深

　子どもたちが話し合い，他者の意見を自分の意見に取り入れて，自分の考えを再構築するところが対話的な学びとなります。まとめの部分で，どうすれば戦争を止めることができたのか考えることは，二度と戦争をしないためにこれからの未来で大切なことにもつながり，深い学びになります。

第8時　学習課題「戦争を止められなかった結果，日本はどうなったのだろう」

　イタリア・ドイツの降伏の流れを年表に書き込みます。沖縄戦，東京大空襲などの様子を，NHKアーカイブスやデジタル教科書などの映像を活用し伝えます。そして，ポツダム宣言の内容を確認します。そこで，「この内容を受け入れてもよい？　よくない？」をテーマに取り上げると，過去の出来事や前時までに学んだことと比較・関連づけながら話し合いを行うことができるようになります。最後に，「当時の人々は人生を一生懸命生きていたのだろうか」と投げかけ，感想を書いて授業を閉じます。「当時の人々が可哀相」だけで終わらせない，もっと深い気持ちをもつ子どもたちが育っていくことを願います。

★チャレンジ もっと 主 対 深

学習課題　戦争を伝える手紙を書こう

○学習課題のポイント
　単元の終末で，誰かに宛てて手紙を書きます。既習の内容を正しく理解し，平和への願いを込め，自分の考えをまとめるような手紙とします。

○予想される学びの姿
　戦争の惨禍を繰り返さないために，この戦争を伝える手紙を書きます。人に宛てて手紙を書くことで，平和への願いを深め，行動として起こすことで主体的・対話的で深い学びを実現することができると考えます。宛先は，例えばアメリカの人や，中国の人，日本の小学生など日本の戦争を知らない人たちに向けてとします。手紙を書くことを通して，改めてこの単元での学びを自分で振り返り，民主主義の大切さや平和への願いを培うことができると考えます。

○活用できる教材
　それぞれの地域に，戦争に関する史跡が残っていることがあると思います。地域素材を活用することで，子どもたちが切実感をもち，主体的な学びになると考えられます。例えば，岡崎市では籠田公園にある戦災復興の碑を示し導入に取り入れることができます。また，岡崎空襲についての手記や写真から被害の様子を知ることができるでしょう。実際に，防空壕跡地の見学や戦争体験者の方の話を授業に取り入れたことがあります。やはり，実物を見る，話を聞くなどの体験から，子どもたちは平和な未来を創っていかなくてはならないと強く願うようになりました。取扱いの難しい分野ではありますが，たくさんの地域の事実を伝えることで，より多面的・多角的な判断ができるようになるのではないかと考えます。

（藤田　幸美）

4　C　近現代の日本と世界　(2)現代の日本と世界

(3)　単元名：戦後日本の発展と国際社会（計8時間）

東京オリンピックを開くことができたのはなぜか

1　単元目標

①【知識及び技能】
　我が国の民主化と再建の過程を調べて，諸改革の意義や世界の動きの中で新しい日本の建設がすすめられたことを理解できるようにする。

②【思考力，判断力，表現力等】
　我が国の民主化や再建の過程について調べたことを根拠に，諸改革の特色や国際社会の変化との関連について考え，当時の国民が国際社会の変化などの苦難を乗り越え，新しい日本の建設に努力したことについて，多面的・多角的に考察，構想し，表現できるようにする。

③【学びに向かう力，人間性等】
　子どもが興味をもつような教材や子どもが判断をする学習を効果的に単元に取り入れ，新しい日本の建設について考えることで，学習課題を主体的に解決しようとする態度を養う。

2　めざす子ども像～こんな姿に～

　戦後の新しい日本の国づくりの歴史と東京オリンピックの歴史を比較・考察しながら主体的に学習に取り組み，学んだことを根拠に課題について多面的・多角的に判断できる子ども。

3 単元構想

(1) 歴史の学びを自分の選択・判断に生かす教材

　第二次世界大戦が終わって70年余りです。日本は大きく変わりました。私たちがあたりまえのようにくらす現代の日本は，本当に何もないところから先人がつくり上げてきたのです。先人がどのように考え，どのように判断し行動してきたのか，その過程を知ることは，これからの日本社会を築いていく子どもたちにとって，よきモデル学習になると考えます。第二次世界大戦以後の歴史の学習は，それまでの歴史学習と違い，現在の社会と結びつくことが多くあります。現在の子どもたちの生活とのつながりを捉えさせ，これからの社会の担い手となる子どもたちに，学んだことを将来のよき社会づくりの選択・判断に生かせるようにしたいと思います。

(2) 子ども主体の学習計画

　子どもが本気になって考える授業にしたいと思います。そのために，①子どもが興味を抱くような教材の開発，②子どもの問題意識を生かした学習計画，③対話的な学習を取り入れるようにします。

①子どもが興味を抱くような教材の開発

　中学校の教科書（特に歴史）は，通史を網羅的に取り上げる傾向があり，学習内容と子どもの興味との距離が生じます。そこで，子どもが興味を抱くような教材や地域教材を取り上げ，その距離を少しでも近いものにします。

②子どもの問題意識を生かした学習計画

　単元の初期の段階で，単元を貫く課題意識を子どもたちとともに設定するようにします。そして，その課題意識を解決するために，調べ学習を取り入れるようにします。こうした学習手順を踏むことで，子どもが主体的に学びに取り組めるようにします。

③対話的な学習

　教師が説明をしてすすめる学習は，知識を効率的に伝えるために有効でしょう。しかし，平成29年版学習指導要領では，自ら学び，学びを社会に生かすという資質・能力の育成が求められています。そのため，対話的な学習を単元計画に取り入れ，根拠をもって自分の考えを説明したり，友達の考えを聞いて自らの学びに生かしたりする学習を取り入れたいと思います。

④ 本単元で働かせたい「歴史的な見方・考え方」

単元を貫く課題	課題	主に働かせたい見方・考え方	身につけることの例	
			知識・技能	思考・判断・表現
なぜ日本は1964年、東京オリンピックを開くことができたのか	二つの東京オリンピックを比べてみよう①	・推移 「二つのオリンピックを比較して、どんなことを思いましたか」	・過去に東京オリンピックが計画されたり開催されたりしたことがわかる	・二つのオリンピックの推移を捉え、終戦後の日本について問題意識をもつ
	ロンドンオリンピックに参加できなかったのはなぜか、終戦直後の日本の様子を調べて考えよう②	・事象相互のつながり 「なぜ、日本はロンドンオリンピックに招待されなかったのか」	・終戦後の日本は、GHQによって占領され、非軍事化がすすめられたことがわかる	・国民の生活が困難な状況にあったことや非軍事化がすすめられたことなど、終戦後の日本の様子を捉える
	どんな改革を行って、新しい日本をつくっていったのか調べよう③④	・事象相互のつながり 「戦後改革の結果、日本がどんな国になったといえるでしょうか」	・日本の民主化をすすめる様々な戦後改革が行われたことがわかる	・様々な戦後改革の内容を根拠に、戦前と比べて日本が民主的な国になってきたことを捉える
	新しい日本の国づくりに最も大きな役割を果たしたのは何か話し合おう⑤	・比較 「新しい日本の国づくりに最も大きな役割を果たしたものは何か」	・現在の日本の骨組みともいえる日本国憲法の価値がわかる	・戦後改革の意味と日本国憲法の理念を捉え、戦後改革が新しい日本の国づくりに大きな役割を果たしたことを説明できる
	日本をさらに高めるために、何が必要か考えよう⑥	・事象相互のつながり 「日本でオリンピックを開催するため日本が努力しなければならないことは何か」	・日本が独立を果たしたこと、国際情勢の変化を受け、日本は西側諸国に組み込まれたことがわかる	・国際状況の変化を受け、日本がさらに努力しなければならないことを考えることができる
	なぜ日本は国際連合に加盟できたのか考えよう⑦	・事象相互のつながり 「なぜ日本は国際連合に加盟できたのか」	・デタントなど国際状況の変化を受け日本が国際連合に復帰できたことがわかる	・西側諸国の一員の日本が、国際社会との関係を重視し、関係改善に努めたことを説明できる
	終戦後20年足らずでオリンピックを開催できるようになったのはなぜか考えよう⑧	・事象相互のつながり 「東京オリンピックを開催できた理由を、これまでの学習を根拠に考える」	・これまで学習したことを根拠に、学習課題について自分の考えを説明できる	・日本が民主的で平和な国に生まれ変わったことで、世界の国々から認められたことを捉える

5 単元のすすめ方

第1時　学習課題「二つの東京オリンピックを比べてみよう」

第1時の板書

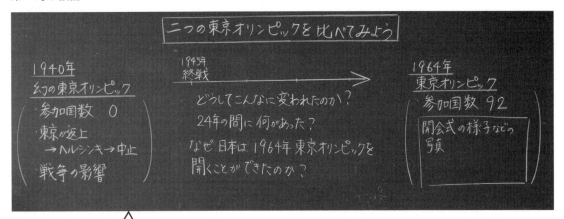

●ここが 主 対 深

「幻のオリンピック」と「1964年東京オリンピック」の違いの大きさから「どんな国づくりをしたのか」と疑問をもつ場面です。主体的な学びが生まれます。

○第1時の目標
・二つの東京オリンピックに関する資料を読み取って比較することで，戦前と戦後の日本の違いに気付くことができる（知識及び技能）
・二つの東京オリンピックを比較した板書を見て，1964年東京オリンピック開催に向け，日本がどのような国づくりをしたのかについて，予想をすることができる（思考力，判断力，表現力等）
・どのように新しい日本の国づくりをしたのかという疑問に対し，これから何を学んでいけばよいか見通しをもつことができる（学びに向かう力，人間性等）

	○主な問い，学習活動・内容	◇指導の手立て □資料 ☆見方・考え方【 】評価
調べる	○1940年幻の東京オリンピックについて知る 問い 幻の東京オリンピックは，なぜ開催されなかったのだろう	□表「東京オリンピック参加国数の変化」 ◇1940年幻の東京オリンピックは，戦時中のため中止されたことをおさえる
	〔学習課題〕　二つの東京オリンピックを比べてみよう	
	○1964年の東京オリンピックの様子を知る	□写真「東京オリンピックの開会式の様子」 ◇過去のオリンピック史上最高の参加国数だったことをおさえる

つかむ	○二つのオリンピックを比較し，疑問に感じたことを発表する	□表「二つのオリンピックの比較」 ☆推移
いかす	○日本はどのような改革をしてオリンピックが開催できるような新しい国になっていったのか予想をし，学習計画を立てる	◇日本がどんな国になったからオリンピックが開催できるようになったのか問い，日本の戦後改革に子どもたちの意識がつながるようにする 【日本がどのように改革を進め，オリンピックを開催できる国になっていったのかという課題意識について，予想し，学習の見通しを持つことができたか】

①導入発問 「幻の東京オリンピックは，なぜ開催されなかったのだろう」

2020年東京オリンピック開催まで1年。各種メディアの報道等により，子どもたちの中にも関心が高まりつつあります。そんな中，「幻の東京オリンピック」と聞き，子どもたちは学習に関心を寄せるでしょう。まずは，なぜ「幻」となってしまったのか，これまでの学習経験を根拠に考えます。1940年当時，日本は中国での戦争を拡大する過程にあったことから，日本国内でも開催を返上すべきという意見があがったり，各国からも参加すべきでないという意見があったりしました。子どもたちも，容易に「戦時中だったから」と考えると思います。

②主発問1 「二つのオリンピックを比べてみよう」

二つのオリンピックの比較表を提示し，参加国数に注目させます。開催されなかったのだから幻のオリンピック参加国数は0です。参加国数に注目し，それまでで史上最多の参加

資料1　オリンピック参加国数

1940年 東京オリンピック	0
1964年 東京オリンピック	92

国数だった1964年の東京オリンピックとの比較ができます。また，その数は国際社会が日本をどのように見ていたのかを表していると考えられます。二つのオリンピック参加国数の比較により，子どもはその大きな違いに気付くでしょう。「なぜこんなに違うのか」や「二つのオリンピックの間には何があったのか」という問題意識をもつでしょう。また，参加国数が表す意味に着目し，「日本は世界の国から認められるために，どんな国づくりをしたのだろうか」という意識をもてるでしょう。それらの問題意識から「なぜ日本は1964年，東京オリンピックを開くことができたのか」という単元を貫く課題を導き出したいと思います。

③主発問2 「日本はどんな国になればオリンピックを開くことができるか予想しよう」

日本の新しい国づくりにつなげるため，どんな国になればオリンピックを開けると思うか予想をさせます。子どもたちは，これまでの学習経験から「平和な国」や「自由のある国」といった考えを出すことができるでしょう。そういった視点をもって単元を貫く課題について考えれば，戦後の日本ではどのような改革が行われたのか，目的意識をもって調べ学習をすすめることができるだろうと考えます。

第2時　学習課題「ロンドンオリンピックに参加できなかったのはなぜか，終戦直後の日本の様子を調べて考えよう」

　本時は，終戦直後の日本の様子を捉えるという場面です。単元を貫く課題とも関わりをもたせるため，導入では，第2次世界大戦以後では最初となる1948年のロンドンオリンピックを取り上げます。子どもたちには「ロンドンオリンピックに日本は参加できたか」を問います。そして，参加できなかった事実を伝え，学習課題「ロンドンオリンピックに参加できなかったのはなぜか，終戦直後の日本の様子を調べて考えよう」を導きます。

　終戦直後の日本の様子について，教科書や資料集を使って調べる時間を確保した後，調べたことを根拠に参加できなかった理由を話し合います。その際，みんなで共有したい資料として，資料2「マッカーサーと天皇が並んだ写真」（略）と資料3「墨塗りの教科書」（略）を提示します。資料2から何を感じるかと問い，天皇の地位の変化やGHQにより日本が占領されたという事実を確認します。また，資料3から戦前の日本の軍国主義的な教育が否定されたことを読み取らせます。子どもたちの調べや資料2，3の読み取りから，終戦後の日本では，GHQの占領政策のもとで徹底的な非軍事化がすすめられたことを確認したいと思います。

第3・4時　学習課題「どんな改革を行って，新しい日本をつくっていったのか調べよう」

　第3・4時は，第1時の学習で立てた学習計画に従って，子どもたちが日本の戦後改革について調べ学習をするようにします。第1時で確認した「平和な国」，「自由が認められた国」「平等な国」……を建設するために，具体的にどんな改革が行われたのかを調べるのです。

　その際，バズ学習の手法を取り入れて一人調べに責任感をもたせ，対話的な学習ができるようにしたいと思います。

第5時　学習課題「新しい日本の国づくりに最も大きな役割を果たしたのは何か話し合おう」

　第5時は，第3・4時に行ったグループ内の発表を経て，本時の学習課題についてグループと全体の場で話し合います。この話し合いには正解がありません。調べたことを根拠に自分の考えを発表する姿や，友だちの意見を聞いて新たな自分の考えを構築する姿が見られるでしょう。授業の後半は，日本の最高法規である日本国憲法に焦点をあてます。大日本帝国憲法と日本国憲法を比較した表を提示し，「平和な国」「自由が認められた国」「平等な国」……を保障するものが日本国憲法であることを確認します。そして，最後に，「日本はオリンピックを開催する国になれたのか」と問います。子どもたちはこれまでの学習を根拠に自分の考えを述べるでしょう。「開催できる派」が多いのではないでしょうか。

資料4　憲法の比較

	大日本帝国憲法	日本国憲法
(主権)	天皇主権	国民主権
(天皇)	元首	象徴
(人権)	法律の範囲内で認められる	基本的人権の尊重
(軍隊)	天皇の統帥権　兵役の義務	平和主義

第6時　学習課題「日本をさらに高めるために，何が必要か考えよう」

　前時の「日本はオリンピックを開催する国になれたのか」についての話し合いを確認後，1955年に行われた開催国決定会議での採決の結果を提示します。世界の国々は東京開催を支持しなかったことを読み取り，国際状況について一人調べをする必然性をもたせたいと考えます。一人調べでは，子どもたちは，国際連合の成立後，アメリカとソ連の対立が鮮明になり，「鉄のカーテン」や「朝鮮戦争」が起こったことについても理解していくでしょう。そして，「日本はどうしたかな」と問えば，アメリカの意向を強く受け，サンフランシスコ平和条約を結んで独立を果たし，西側諸国の一員として国際復帰を果たしたという事実を理解するでしょう。一方，国際連合への加盟は，ソ連の拒否権発動により認められなかったという事実も確認します。授業の最後に，「オリンピックを開催するために何が必要か」と問います。国際連合への復帰を果たせなかったという事実からも，ソ連をはじめ多くの国々との関係改善が，東京オリンピック開催に必要であったことが推測されるでしょう。

資料5　1960年オリンピック開催国決定会議　投票結果

ローマ	15票
ローザンヌ	14票
デトロイト	6票
ブタペスト	8票
ブリュッセル	6票
メキシコシティー	6票
東京	4票

第7時　学習課題「なぜ日本は国際連合に加盟できたのか考えよう」

　現在の日本は国際連合に加盟していることを子どもたちに確認し，本時の課題を設定します。課題について教科書や資料集で一人調べを行い，調べたことを全体の場で発表します。ソ連との関係が改善し日ソ共同宣言を発行できたことが課題に対する答えですが，アフリカ諸国の独立やキューバ危機後のデタントという国際情勢の変化をあげる子どももいるでしょう。そして，日本とソ連は東西陣営に分かれ，領土問題など未解決の問題もありながら，両国の関係を向上させようとお互いに努力したからこそ，日ソ共同宣言を結ぶことができたといえるでしょう。外国との関係をよくするために何が大切なのか，子どもに考えさせるようにします。

第8時 学習課題 「終戦後20年足らずでオリンピックを開催できるようになったのはなぜか考えよう」

第8時の板書

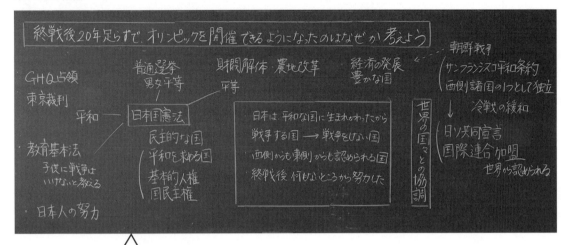

●ここが 主 対 深

様々な理由をカテゴリーに分けて板書します。どこに板書すればよいか子どもに聞いてもよいでしょう。板書中央のまとめは、授業の最後に自分考えを書きます。

○第8時の目標

・これまでの学習を根拠に、世界の動きの中で新しい日本の建設が進められ、1964年東京オリンピックが開催されたことを理解できる（知識及び技能）
・二つの東京オリンピックの間にあった社会の変化の様子を多面的・多角的に考察し、変化の理由を説明できる（思考力，判断力，表現力等）
・1964年東京オリンピックが開催できた理由について、調べたり話し合ったりしたことを根拠に、自分なりの答えをもつことができる（学びに向かう力，人間性等）

	○主な問い，学習活動・内容	◇指導の手立て □資料 ☆見方・考え方【 】評価
つかむ	○1964年東京オリンピックについて知る	□グラフ「オリンピック参加国数の変化」 □写真「東京オリンピック」の様子
	〔学習課題〕 終戦後20年足らずで東京オリンピックを開催できるようになったのはなぜか	
調べる	○1964年東京オリンピックを開催できるようになった理由を個人で考え，付箋に書く	◇付箋に自分の考えを書くようにする。1枚の付箋に一つの理由を書くようにする ☆事象相互のつながりに着目し，これまで学習してきたことを根拠にして，自分の考えを書く

第2章 「見方・考え方」を育てる中学歴史授業モデル

まとめる	○開催できるようになった理由について付箋を基に4人グループで発表し合い，意見をグループ分けする ○開催できるようになった理由を全体の場で話し合う	◇付箋を基に自分の考えを発表する場を設定し，似た意見をまとめ，見出しを考えるように指示する 【これまで調べたり，話し合ったりしたことを根拠に，日本が東京オリンピックを開催できるようになったわけを考えることができる】
いかす	○新しい日本はどんな国になり，世界の国々と関係はどのようになったといえるか，自分の考えを書く	◇日本がどのような国に生まれ変わったのか子どもが捉えやすいように，発表された意見を構造的に板書する

①導入発問「過去のオリンピックの参加国数のグラフを見て，どんなことがいえますか」

　第1回大会からの参加国数をグラフにして提示します。1964年の東京オリンピックは過去最多の参加国数であったことがわかります。東京オリンピックの様子がわかるエピソード資料や地域資料を提示するのもよいでしょう。当時の日本人が東京オリンピックをどのような思いで見つめていたのか考えることができるでしょう。

②主発問「1964年の東京オリンピックを開催できるようになったのはなぜでしょう」

　これまでの学習してきたことを根拠に話し合いをします。日本が様々な戦後改革を経て平和で民主的な新しい日本に生まれ変わったこと，諸外国との協調を大切にする国になったことなどに気付かせていきたいと思います。また，オリンピックを開催できるほど日本の社会基盤や国民の生活が向上してきたという意見も出てくるでしょう。このような意見も取り上げると，高度経済成長の学習につなげていけるでしょう。

★チャレンジ もっと 主 対 深

学習課題　2020年の東京オリンピックを成功させるために，私たち日本人は何をしなければならないか

○学習課題のポイント
　社会に対し自分は何をすべきで，何ができるのか。社会に貢献しようとする資質の育成が，社会科には求められています。そこで，この発展課題を設定します。これまでの学習経験から，子どもたちはこの学習課題に無理なく取り組めるのでないでしょうか。また，これまで学んだ視点を生かして，現在の自分たちの社会を見つめ直すことが期待されます。

○予想される学びの姿
・障害者への配慮が行き届いた街になっているか
・外国人選手・外国人観光客が安心して訪れることのできる施設・町になっているか
・環境に配慮したオリンピックを開催できるか
・私たちは何ができるのか

○活用できる教材
・東京オリンピック・パラリンピック大会ボランティア募集
・日本オリンピック委員会ウェブサイト

（山崎　彰伯）

> コラム3

社会科歴史教育の大切さ

　20世紀後半，1981年2月，当時のローマ教皇ヨハネ・パウロ2世が広島と長崎を訪問しました。彼は，世界中を訪問し「空飛ぶ教皇」と呼ばれるほど活動的な人でした。広島の平和公園に集まった約25,000の人々を前に，次のように語り始めました。

　「戦争は人間のしわざです。戦争は人間の生命の破壊です。戦争は死です」。私は当時，長崎大学の学生でした。はっきりとした日本語で，静かに語られたこの冒頭の言葉は，私を含め人々に大きな衝撃を与えました。テレビ中継でこの言葉を聞いた私は，いまもその時の光景を覚えています。

　「戦争は人間のしわざです」という言葉は，言い換えれば，「戦争は神のしわざではない」ということになります。これまで，多くの戦争が，神の意思による神のための戦いつまり「聖戦」として戦われてきました。今から900年以上も前には，キリスト教徒たちが，十字軍という軍隊を結成して，約100年もの長期間にわたってイスラム教徒たちと戦った歴史があります。20世紀のカトリック教会，つまりローマ教皇も十字軍の戦いを「聖戦」として正しいこととしていました。そのような中で，教皇自身が「戦争は人間のしわざ」だと述べたのです。広島でのこの出来事から19年経った2000年3月，ヨハネ・パウロ2世は，過去2000年間のキリスト教会の誤りを懺悔するミサを行いました。十字軍は「人間の誤り」の一つとし，この歴史を懺悔しました。

　戦争はいまでも世界中で続いています。それをなくすための第一歩は，戦争が「人間のしわざ」だということを自覚することだと思います。その自覚があれば，それをなくすことができるのも人間であるという基本的なことがわかるからです。では，そのためには，私たちには何が必要でしょうか。当然，実際に「戦争を体験する」ことは，多くの体験者が語るように，絶対にあってはならないことです。だから，現在の人々が過去を探究し，過去と対話する歴史学習が大切なのです。

　「学習」には，好奇心，つまり「疑問」や「問い」が必要です。歴史学習も，学習である以上，学習する主体つまり子どもの中に問いが必要です。歴史の場合，大きく2種類の問いがあります。

　一つは，「昔（当時）の人々は，なぜそのようにしたのか？」という問いです。もう一つは，「いま（現在）の私たちは，その過去をどう伝えるか？」という問いです。「なぜ昔は？」という問いは，当時の人々がおかれていた社会状況を追究するための問いです。いまとは異なる状

況が見えてくるはずです。「どう伝えるか？」という問いは，これからの未来を創り出す子どもたち自身の未来予想図をつくるための問いになります。この2種類の問いを自覚しつつ過去を学ぶ経験を積むことで，子どもたちは，自分たち人間自身が平和な未来を創り出さなければならないことに気付いていくことでしょう。

　このように考えてみると，「歴史との対話」とは，「自分の未来を考えること」と言い換えることができるかもしれません。歴史学習は，戦争を含む過去の人間の様々な「しわざ」の背景を追究し，解き明かし，いまの「平和で民主的」な社会の成り立ちを説明することができる社会人を育てる役割をもつといえるでしょう。子どもたちは，数千年も前の時代の学習から，この学習を進めていきます。そのため，「なぜ歴史を学ぶか？」その意味を見つけにくいときもあります。しかし，私たち大人は，過去の「人間のしわざ」を学ぶ歴史学習がもつ重要な意味と役割を忘れずに実践したいものです。

　奇しくも本書を発行する2019年，現ローマ教皇，フランシスコの日本訪問が予定されています。教皇フランシスコは，東日本大震災被災地とともに長崎・広島訪問を希望しています。東日本大震災も地震という天災だけでなく，風評被害も含めて，「人間のしわざ」に起因する複雑な側面をもっています。また，教皇フランシスコが，長崎訪問を希望している背景に，写真家ジョー・オダネルが敗戦直後の長崎で撮影した「焼き場に立つ少年」の写真があります。本書にのせた「なぜ戦争を止めることができなかったのだろうか」という実践の冒頭で用いられた写真です。教皇は，2018年1月に南米に向かう機内でこの写真を手に世界平和を訴えました。写真は，教皇の言葉を添えたカードとして，全世界の教会関係者に配布されました。教皇のカード配布は，前例のないことでしたが，それは私たち人間の「しわざ」に対する教皇の自戒と警鐘であるともいえるでしょう。

（土屋　武志）

おわりに

　最新のゲノム研究によれば，現代人のDNAの2％はネアンデルタール人に由来するそうです。ネアンデルタール人は，2万数千年前に絶滅した人類ですが，現代人は，絶滅した彼らの遺伝子も受け継いでいるのです。そのわずか数％の遺伝子は，病気を防いだりするなどプラスに働いているそうです。つまり，私たちは，多くの命が経験した苦難やそれを克服してきた「過去」をDNAに受け継いでいるわけです。いまを生きる私たち一人ひとりの命には，自分一人のものでない大切さがあるようです。

　本書は，若手の教師が中心となって，子どもたちがその人類の歴史を学ぶための授業を教師がデザインすることができるように，まとめたものです。

　実践提案は，岡崎市社会科指導員の森田淳一教諭が，これから新しい実践にチャレンジする若手教師がわかりやすく取り組めることを心がけて，全体的調整を図りました。明治図書出版の及川誠さんには，本書の企画から，適切にアドバイスいただきました。二人には，特に感謝申し上げます。

　これから平成29年版学習指導要領に則すよう，実践の改善がはじまります。多くの教師の皆さんが，本書を参考として，失敗を恐れずに実践に取り組んでくれることを期待しています。たとえ，満足のいく結果とならなくても，その記憶は，皆さんの実践DNAの中に刻まれ，次の新たな実践にプラスに働くことにつながるでしょう。

土屋　武志

【執筆者一覧】（執筆順）

土屋	武志	愛知教育大学
松本	卓也	愛知教育大学附属名古屋小学校
白井	克尚	愛知東邦大学
植原	督詞	伊勢崎市立四ツ葉学園中等教育学校
稲吉	直樹	愛知県教育委員会
森田	淳一	岡崎市立翔南中学校
小栗	優貴	広島大学大学院
新井	健祐	岡崎市立梅園小学校
倉田	舞	岡崎市立三島小学校
實松	勇太	岡崎市立大門小学校
中根	良輔	岡崎市立矢作中学校
成田	道俊	岡崎市立竜海中学校
藤田	幸美	岡崎市立竜南中学校
山崎	彰伯	岡崎市立藤川小学校

【編著者紹介】

土屋　武志（つちや　たけし）

昭和35年生まれ。上越教育大学大学院学校教育研究科修士課程修了。現在，愛知教育大学教授。文部科学省高等学校学習指導要領解説地理歴史編作成協力者（日本史主査）。愛知県岡崎市教育委員会前委員。愛知県NIE推進協議会会長等。

《編著等》

『解釈型歴史学習のすすめ 対話を重視した社会科歴史』（梓出版）

『新版 21世紀社会科への招待』（学術図書出版）

『改訂 これからの教師』（建帛社）

『学力を伸ばす日本史授業デザイン 思考力，判断力，表現力の育て方』（明治図書）等。

「見方・考え方」を育てる中学歴史授業モデル

2019年9月初版第1刷刊	©編著者	土　屋　武　志
2021年5月初版第3刷刊	発行者	藤　原　光　政
	発行所	明治図書出版株式会社

http://www.meijitosho.co.jp

（企画）及川　誠（校正）杉浦佐和子

〒114-0023　東京都北区滝野川7-46-1
振替00160-5-151318　電話03(5907)6703
ご注文窓口　電話03(5907)6668

＊検印省略　　組版所　長野印刷商工株式会社

本書の無断コピーは，著作権・出版権にふれます。ご注意ください。

Printed in Japan　　　　　ISBN978-4-18-325111-4

もれなくクーポンがもらえる！読者アンケートはこちらから →

小学校 新学習指導要領 社会の授業づくり

澤井 陽介 著

改訂のキーマンが，新CSの授業への落とし込み方を徹底解説！

資質・能力，主体的・対話的で深い学び，社会的な見方・考え方，問題解決的な学習…など，様々な新しいキーワードが提示された新学習指導要領。それらをどのように授業で具現化すればよいのかを徹底解説。校内研修，研究授業から先行実施まで，あらゆる場面で活用できる1冊！

四六判 208頁
本体 1,900円＋税
図書番号 1126

中学校 新学習指導要領 社会の授業づくり

原田 智仁 著

改訂のキーマンが，新CSの授業への落とし込み方を徹底解説！

資質・能力，主体的・対話的で深い学び，見方・考え方，評価への取り組み…など，様々な新しいキーワードが提示された新学習指導要領。それらをどのように授業で具現化すればよいのかを徹底解説。校内研修，研究授業から先行実施まで，あらゆる場面で活用できる1冊！

A5判 144頁
本体 1,800円＋税
図書番号 2866

社会科授業サポートBOOKS 小学校社会科「新内容・新教材」指導アイデア「重点単元」授業モデル

北 俊夫 編著

「重点単元」「新教材・新内容」の授業づくりを完全サポート！

平成29年版学習指導要領「社会」で示された「新内容・新教材」「重複単元」について，「主体的・対話的で深い学び」の視点からの教材研究＆授業づくりを完全サポート。キーワードのQ＆A解説と具体的な指導計画＆授業モデルで，明日からの授業づくりに役立つ必携バイブルです。

A5判 168頁
各 本体 2,000円＋税
図書番号 2148, 2329

主体的・対話的で深い学びを実現する！板書＆展開例でよくわかる 社会科授業づくりの教科書 3・4年 5年 6年

朝倉 一民 著

1年間365日の社会科授業づくりを完全サポート！

1年間の社会科授業づくりを板書＆展開例で完全サポート。①板書の実物写真②授業のねらいと評価③「かかわる・つながる・創り出す」アクティブ・ラーニング的学習展開④ICT活用のポイントで各単元における社会科授業の全体像をまとめた授業づくりの教科書です。

3・4年
B5判 136頁 本体 2,200円＋税 図書番号 2285

5年
B5判 176頁 本体 2,800円＋税 図書番号 2293

6年
B5判 184頁 本体 2,800円＋税 図書番号 2296

明治図書　携帯・スマートフォンからは **明治図書ONLINE** へ　書籍の検索，注文ができます。▶▶▶

http://www.meijitosho.co.jp　＊併記4桁の図書番号（英数字）でHP，携帯での検索・注文が簡単に行えます。

〒114-0023　東京都北区滝野川7-46-1　ご注文窓口　TEL 03-5907-6668　FAX 050-3156-2790

「主体的・対話的で深い学び」を実現する 社会科授業づくり

北 俊夫 著

「深い学び」と知識を育む社会科授業づくりのポイント

改訂のキーワードの一である「主体的・対話的で深い学び」を，どのように社会科の授業で実現するか。①「見方・考え方」の位置付け方②系統性もふまえた「知識」の明確化③教科横断的な指導④評価のポイントの解説に加え，具体的な指導計画&授業モデルをまとめました。

A5判 168頁
本体 2,000円+税
図書番号 2536

Q&Aでよくわかる！見方・考え方を育てるパフォーマンス評価

西岡 加名恵・石井 英真 編著

本質的な問いから探究を生む「パフォーマンス評価」Q&A

「本質的な問い」に対応するパフォーマンス課題をカリキュラムに入れることで，教科の「見方・考え方」を効果的に育てることができる!目標の設定や課題アイデアから，各教科の授業シナリオまで。「見方・考え方」を育てる授業づくりのポイントをQ&Aで解説しました。

A5判 176頁
本体 2,000円+税
図書番号 2779

新科目「公共」の授業を成功に導くポイントを徹底解説！

高校社会 「公共」の授業を創る

橋本 康弘 編著

平成30年版学習指導要領「公共」を徹底解説！
「見方・考え方」を鍛える授業の3タイプとは？

2,000円+税／A5判／168頁／図書番号 2538

平成30年3月に告示された新科目「公共」の学習指導要領をもとに，求められる「持続可能な社会形成者としての市民育成」「18歳選挙権に伴う主権者教育の充実」，また「主体的・対話的で深い学び」をどのように実現するか。授業づくりのポイントを徹底解説しました。

明治図書　携帯・スマートフォンからは **明治図書 ONLINE へ**　書籍の検索、注文ができます。▶▶▶

http://www.meijitosho.co.jp　＊併記4桁の図書番号（英数字）でHP、携帯での検索・注文が簡単に行えます。

〒114-0023　東京都北区滝野川7-46-1　ご注文窓口　TEL 03-5907-6668　FAX 050-3156-2790

中学地理「基礎基本」定着 面白パズル&テスト

得点力不足解消！

南畑 好伸 著

楽しく基礎基本定着！
中学地理わくわく面白
パズル&ワーク

子どもたちが大好きなパズル教材・ワークを面白い・楽しいだけで終わらない「基礎基本定着」をポイントとして具体化。問題を解くと見えてくる「キーワード」でポイントがおさえられる！中学地理の各単元のまとめとしても使える、面白パズル&テストが満載の必携の１冊。

B5判 136頁
本体2,200円＋税
図書番号 2849

社会科授業サポートBOOKS 「わかる」社会科授業をどう創るか

思考の流れ＆教材研究にこだわる！
個性のある授業デザイン

木村 博一 編著

どうすれば社会科授業を面白く，わかりやすく出来るのか。教材研究と子どもの思考にこだわり，一人一人の成長にこだわる「わかる」社会科授業について，そのポイントから教材づくりの視点，深い学びを実現する授業デザイン，指導展開例までをわかりやすくまとめました。

A5判 184頁
本体1,900円＋税
図書番号 3104

見方・考え方が楽しく身につく！河原流オモシロ授業の最新ネタ

100万人が受けたい！見方・考え方を鍛える 中学社会 大人もハマる 授業ネタ

中学地理【A5判 152頁・本体価1800円＋税 図書番号3712】
中学歴史【A5判 152頁・本体価1800円＋税 図書番号3713】
中学公民【A5判 152頁・本体価1800円＋税 図書番号3714】

100万人が受けたい！「社会科授業の達人」河原和之先生の最新授業ネタ。「江戸城に天守閣がないワケ」「なぜヨーロッパはパスタ・日本はうどん？」「からっ風って何？」「日本銀行は校長先生？」「スマホから見えるこんな世界」など，「見方・考え方」を鍛える斬新な切り口の教材を豊富に収録しました。子ども熱中間違いなしの魅力的な授業モデル集です。

明治図書　携帯・スマートフォンからは **明治図書ONLINE へ** 書籍の検索、注文ができます。▶▶▶

http://www.meijitosho.co.jp　＊併記4桁の図書番号（英数字）でHP、携帯での検索・注文が簡単に行えます。

〒114-0023　東京都北区滝野川7-46-1　ご注文窓口　TEL 03-5907-6668　FAX 050-3156-2790